21

江苏省"十

公司治理与内部控制 学习指导书

Study Guide to Corporate Governance and Internal Control

+ 胡晓明 叶玲 张洁慧 编著

人民邮电出版社

北 京

图书在版编目（CIP）数据

公司治理与内部控制学习指导书 / 胡晓明，叶玲，
张洁慧编著. -- 北京：人民邮电出版社，2018.4
21世纪会计系列教材
ISBN 978-7-115-47706-4

Ⅰ. ①公… Ⅱ. ①胡… ②叶… ③张… Ⅲ. ①公司—
企业管理—教材 Ⅳ. ①F276.6

中国版本图书馆CIP数据核字(2018)第001058号

内 容 提 要

　　本书是《公司治理与内部控制》（第2版）的配套学习指导书。全书分为三篇，第一篇课程学习指导，与主教材的各章一一对应，每章包括学习目的和要求、内容概要、同步练习等模块；第二篇是课程模拟试卷；第三篇是综合案例分析。另外，书后附有同步练习参考答案和课程模拟试卷参考答案，供读者自行检查学习情况。

　　本书适用于普通高等院校财经类、经管类本科生和研究生，对从事企业管理实务工作的人员，以及希望了解公司治理与内部控制基本知识的其他人士也有一定的参考价值。

◆ 编　　著　胡晓明　叶　玲　张洁慧
　　责任编辑　刘向荣
　　责任印制　焦志炜

◆ 人民邮电出版社出版发行　　北京市丰台区成寿寺路11号
　　邮编　100164　电子邮件　315@ptpress.com.cn
　　网址　http://www.ptpress.com.cn

　　北京七彩京通数码快印有限公司印刷

◆ 开本：787×1092　1/16
　　印张：10　　　　　　　　2018年4月第1版
　　字数：260千字　　　　　2025年11月北京第9次印刷

定价：29.80元

读者服务热线：(010)81055256　印装质量热线：(010)81055316
反盗版热线：(010)81055315

前 言 Preface

　　公司治理与内部控制被认为是现代公司制企业成功经营必不可少的两块基石，也是理论界和实务界长期关注的热点问题。公司治理解决公司股东大会、董事会、管理层及利益相关者利益制衡的问题，好比人的大脑；内部控制解决公司执行力与风险控制的问题，好比人体的协调运行。虽然公司治理的理论核心——两权分离产生的代理问题一直未变，但随着企业内、外部环境的日新月异，新的问题不断涌现，公司治理的模式以及治理结构和机制也在不断更新；同时，21 世纪以来，世界范围内大公司的失败与舞弊案例频繁出现，内部控制的有效性被怀疑，各国均出台适应性标准和规范。这些都要求关于公司治理与内部控制的教学也应该与时俱进。

　　由胡晓明、许婷、刘小峰编写的《公司治理与内部控制》（第 1 版）图书自出版后，一直受到广大读者的喜爱与关注；在我们的教学过程中，学生们希望和要求有配套的学习指导书，以帮助他们掌握该课程的重点与难点并进行练习训练。

　　本书是与《公司治理与内部控制》（第 2 版）（胡晓明、许婷、刘小峰编著）相配套的学习指导书。学习指导书分为课程学习指导、课程模拟试卷和综合案例分析三篇内容。课程学习指导篇包括各章的学习目的和要求、内容概要、同步练习，所有内容按照教材的章节编排。其中，同步练习包括单项选择、多项选择、名词解释、简答和案例分析等题型，通过同步练习可以全面学习和掌握各章的内容。课程模拟试卷篇提供了六套模拟试卷，供学生进行自测。综合案例分析篇主要选择典型案例，帮助读者理解概念，提高综合分析和解决问题的能力。

　　本学习指导书可作为学生学习用书，也可作为教师教学参考书。本书由南京财经大学胡晓明、叶玲，宿迁学院张洁慧共同编写。由于时间仓促，加之编者水平与经验有限，本书在内容、编排和格式等方面难免有不妥之处，敬请同行和广大读者指正。

编者

2018 年 1 月

目 录 Contents

第一篇　课程学习指导

公司治理基础理论 ┃ 第一章

一、学习目的与要求

通过本章的学习，读者能了解企业的演进、公司治理的产生、公司治理的定义与特征，熟悉公司治理的主要理论和公司治理的影响因子，理解公司治理原则的主要内容，掌握公司治理的基本知识点和基本框架，并能够科学评价公司的治理状况。

二、内容概要

（一）公司制企业的产生及特点

1. 现代公司的产生

1600 年，英国成立了由政府特许的、专司海外贸易的东印度公司，这被认为是第一个典型的股份公司。进入 17 世纪，英国已经确立了公司独立的法人地位。公司已成为一种稳定的企业组织形式。这种最早在欧洲兴起的股份公司制度是一种以资本联合为核心的企业组织形式。它是在业主制、合伙制的基础上发展起来的一种全新的企业制度形式。它有一些优于古典企业的地方：一是股份制企业筹资的可能性和规模扩张的便利性；二是降低和分散风险的可能性，由于股东承担有限责任，而且可以转让股票，因此，对投资者特别有吸引力；三是公司的稳定性，由于公司的法人特性，股份公司具有稳定的、延续不断的生命，只要公司经营合理、合法，公司就可以长期地存在下去。

2. 公司制的概念及其特点

公司制企业简称公司，是企业形态中一种高层次的组织形式，是由多元股本组成，依据《公司法》组建并靠《公司章程》运作的企业。它由股东集资创建，具有独立的法人资格。公司制企业的主要特点有：开办手续复杂；筹资渠道多样化，公司可以通过证券市场进行股权融资，也可以向银行贷款或者发行公司债券进行债权融资；承担有限责任，所有股东以其出资额为限对公司的债务承担有限责任；股东对公司的净收入拥有所有权；公司经营中所有权与经营权相分离；公司缴纳企业所得税，股东缴纳个人所得税。

3. 公司制的类型

实行公司制的企业，以有限责任公司和股份有限公司为典型形式，此外还有无限责任公司、两合公司等形式。按我国《公司法》的规定，有限责任公司由 50 个以下股东出资设立。有限责任公司的股东是以其认缴的出资额为限对公司承担责任的。只有一个自然人或一个法人股东的有限责任公司称为一人有限责任公司。一人有限责任公司的股东不能证明公司财产独立于股东自己财产的，应当对公司债务承担连带责任。股份有限公司是将全部资本分为等额股份，股东以其认购的股份为限对公司承担责任的企业法人。在我国，设立股份有限公司，需由 2 人以上 200 人以下为发起人。本书所谓公司治理以股份有限公司为典型代表。

（二）公司治理的定义与特征

1. 公司治理的定义

公司治理就是基于公司所有权与控制权分离而形成的公司所有者、董事会和高级经理人员及公司利益相关者之间的一种权力和利益分配与制衡关系的制度安排。利益相关者就是任何可能影响企业目标或被企业目标影响的个人或集团，包括所有者（股东）、董事会、经理层、债权人与债务人、员工、供应商与客户、政府与社会等。

2. 公司治理的特征

（1）公司治理的动态性

公司治理的动态性有两个方面的含义：其一是指一个具体的公司在不同的发展阶段有与它相适应的公司治理机制；其二是指不同时代的公司治理也有那个时代独有的特点与内容。到目前为止，公司治理理念经历了 4 个阶段：20 世纪 70 年代管理层中心主义阶段、20 世纪 80 年代股东会中心主义阶段、20 世纪 90 年代董事会中心主义阶段和 21 世纪利益平衡/风险控制阶段。

（2）公司治理的合约性

公司治理的合约性是指公司各利益关系人通过签订合约来规定各自的权、责、利。公司治理是一种合约关系，但是由于各利益关系人的行为具有有限理性和机会主义的特征，所以这些合约不可能是完全合约，只能是一种关系合约。关系合约是指合约各方并不要求对行为的详细内容达成协议，而是对总目标、总原则、遇到问题时的决策规则、分享决策权以及解决可能出现的争议的机制等达成协议，从而节约了不断谈判、不断缔约的成本。公司治理以《公司法》和《公司章程》为依据，在本质上就是这种关系合约，它以简约的方式，规范公司各利益相关人的关系，约束他们之间的交易，来实现公司交易成本的比较优势。

（3）公司治理的法治性

国家为保护公司各利益关系人的利益，往往通过制定有关法律法规来规范公司治理。我国也通过《公司法》《证券法》《中国上市公司治理准则》和其他有关法律法规来规范我国公司治理。公司各利益关系人的权、责、利需要在有关法律基础上加以明确。公司治理机制完善与否，取决于国家有关法律法规完善与否。在现阶段，我国尤其应重视对大股东、董事、监事、高级管理人员法律责任的研究，这是我国公司治理的关键内容之一。

（4）公司治理的制约性

公司治理强调公司股东、董事会、监事会、经理人员之间的责、权、利配置及相互制衡。在公司治理中，所有者将自己的资产交由公司董事会托管。公司董事会是公司的决策机构。高级经理人员受雇于董事会，组成在董事会领导下的执行机构，在董事会的授权范围内经营公司。监事会同时也对董事会、经理人员进行监督。不仅在公司内部要相互制约，在公司外部也还有社会审计、政府有关机构等社会力量对公司内部人员进行监督。

（5）公司治理的价值导向性

公司的本质是进行价值创造，公司治理的好坏不能仅以是否实现有效制衡作为衡量的标准，而更应看它促进公司价值创造活动的有效性。公司治理的价值导向性主要是指合理的公司治理要能保证公司对市场的适应性，公司应根据产品市场、资本市场、人才市场、技术市场等市场的变化，较快地调整公司管理策略和投资策略，使公司在市场竞争中居于有利位置，实现公司价值最大化。

（6）公司治理的地域性

公司治理的地域性是指由于不同国家或地区具有不同的政治、经济、法律、文化等背景，公司治理也会存在不同的模式。目前国外就存在着英美模式、德国模式、日本模式、东亚模式等不同的公司治理模式。随着社会的进步，各国的经济文化交流的加强，公司治理有趋同的特点，·但是各国经济文化发展的不均衡性，以及各国原有文化基因的不同特点仍然会使各国的公司治理保留一定的特色。

（三）公司治理的影响因子

由于公司治理的多角度和多维性，如果将其视为一个目标函数，那么影响公司治理这一因变量的自变量主要有以下几个：

（1）公司自身的股权结构和运行机制；

（2）公司控股股东的身份；

（3）公司的发展阶段及其行业特性；

（4）公司所处的外部市场环境。

（四）公司治理的框架

公司治理主要包括治理结构和治理机制两部分，其根本目的是提高治理效率。治理结构是从静态考虑，公司治理是一种政治化、法律化的安排，具有制度性和结构性——有关收益和风险的制度安排，有关权力分立和制衡的结构安排和组织安排。治理机制是从动态考虑，指公司治理系统中持续互动的管控关系、功能和运行原理，包括监督机制、激励机制和决策机制，表现出系统的无限开放性。按照机制设计或实施所利用资源的来源，可以把公司治理简单区分为外部治理系统与内部治理系统。

1. 外部治理系统

外部治理系统指的是尽管机制的实施超出了公司资源的计划范围，但仍然可以用于实现公司治理目标的各种公司治理机制的总称。它包括公司治理的法律和政治环境、公司控制权市场、产品和要素市场、代理人市场。其主要目的在于权力制约和平衡，实现利益相关者利益最大。

2. 内部治理系统

内部治理系统指的是机制的设计或实施在一个公司资源计划范围内，用来实现公司治理目标的各种治理机制的总称。它包括所有权结构与公司治理、董事会、大股东治理、激励报酬合约等。

三、同步练习

（一）单选题

1. 公司治理是伴随（   ）的产生而产生的。

   A. 业主制企业　　　B. 合伙制企业　　　C. 公司制企业　　　D. 个人企业

2. 下列关于企业性质描述错误的是（   ）。

   A. 企业是价格机制的替代物　　　　　B. 企业是合约选择的一种形式

   C. 企业是一种科层组织　　　　　　　D. 企业是完全合约的产物

3. 下列不属于公司治理特征的是（   ）。

   A. 动态性　　　B. 合约性　　　C. 制约性　　　D. 固定性

4. 下列不属于公司外部治理系统的是（   ）。

   A. 法律和政治环境　　　　　　　　　B. 公司控制权市场

   C. 产品和要素市场　　　　　　　　　D. 董事会

（二）多选题

1. 业主制企业具有（   ）特点。

   A. 无限的责任　　　B. 有限的规模　　　C. 企业的寿命有限　D. 承担有限责任

2. 公司治理产生的理论基础主要有（   ）。

   A. 委托代理理论　　B. 不完备契约理论　C. 交易费用理论　　D. 产权理论

3. 下列关于公司治理原理说法正确的有（   ）。

   A. 不具有强制约束力　　　　　　　　B. 发展变化性

   C. 指导方针和最佳做法　　　　　　　D. 具有强制性

4. 公司治理原则中所谓"平等对待股东"是指（   ）。

   A. 同类同级的所有股东都应享有同等待遇

   B. 应禁止内部人交易和滥用权力的自我交易

   C. 应当披露特定股东获得与其股票所有权不成比例的控制权的资本结构和安排

   D. 应要求董事和主要执行人员向董事会披露是否在任何直接影响公司的交易或事务中有实质性利益

（三）名词解释题

1. 委托代理问题

2. 交易成本

3. 产权理论

4. 公司治理

（四）简答题

1. 简述业主制企业的主要特点。

2. 简述业主制企业的优缺点。

3. 公司制企业的主要特点是什么？

4. 公司治理的特征是什么？

5. 公司治理的影响因素有哪些？

6．公司治理原则是什么？

（五）案例分析题

新中大软件股份有限公司是一家民营企业，创办人石仲韶总裁既是公司最大的股东，也是公司的最高管理者。其他的股东还包括新中大公司（股份公司成立前的实体）、日本 OBC 公司（日本最大的管理软件公司）、深圳创新科技发展有限公司。高层由 5 人组成，分别是总裁、总工程师、产品总监、市场总监、客服总监。员工主要分为研发人员、销售人员和实施人员。用户已达十万之多，其中红旗用户 100 多家。代理商共有四五百家，其中一级代理商有几十家，冠有"新中大"的名称，与公司分支机构同等对待。竞争对手主要包括跨国公司 SAP 和国内的用友和金蝶。新中大技术创新的合作者非常多，主要有微软、IBM、赛贝斯、Intel 和戴尔以及浙江大学等。政府监管部门主要包括信息产业部、经贸委、科技局等。

要求：请分析新中大软件股份有限公司的利益相关者由哪些组成？

公司治理结构 | 第二章

一、学习目的与要求

通过本章的学习，读者能了解股权结构、资本结构与公司治理结构的关系以及各专门委员会的职能与工作方式，熟悉股东（大）会、董事会以及监事会的职能，理解有关独立董事及其激励机制，掌握股东（大）会、董事会以及监事会在公司治理中的作用。

二、内容概要

（一）公司治理结构的概念

公司治理结构（Corporate Governance Structure）或称法人治理结构、公司治理系统（Corporate Governance System），是一种联系并规范股东（财产所有者）、董事会、高级管理人员权利和义务分配问题的制度框架，包括股权结构、资本结构以及治理机构设置等。简单地说，公司治理结构就是如何在公司内部划分权力。良好的公司治理结构，可解决公司各方利益分配问题，对公司能否高效运转、是否具有竞争力，起到决定性的作用。

我国公司治理结构采用"三权分立"制度，即决策权、经营管理权、监督权分属于股东会、董事会或执行董事、监事会。通过权力的制衡，三大机关各司其职，又相互制约，保证公司顺利运行。

（二）股东（大）会的形式

股东（大）会是指公司一年一次必须召开的会议，它一般由董事会组织召开，董事长是大会的当然主席。股东（大）会必须达到一定的法定人数时才能召开。各国对法定人数的要求不尽相同，计算方法也不一样。有的按股东人数的比例确定，有的按股权的比例确定。股东（大）会召开之前，董事会应根据《公司法》或《公司章程》，在会前若干天将会议日期、地点、议程书面通知股东并登报予以公告。

（三）股东（大）会的特征及主要职能

1. 股东（大）会的特征

股东（大）会是公司内部的最高权力机构。许多国家的公司法将股东（大）会界定为公司的最高权力机构，依法形成的股东（大）会在公司内部的地位至高无上。

股东（大）会是公司的非常设机构。股东（大）会只是公司的最高决策机构，而不是日常业务执行机关或代表机关，除了每年的例行年会和特别会议外，是找不到其踪影的。

2. 股东（大）会的主要职能

根据我国《公司法》第三十七条的规定，股东（大）会行使下列职权：决定公司的经营方针和投资计划；选举和更换非由职工代表担任的董事、监事，决定有关董事、监事的报酬事项；审议批准董事会的报告；审议批准监事会或者监事的报告；审议批准公司的年度财务预算方案、决算方案；审议批准公司的利润分配方案和弥补亏损方案；对公司增加或者减少注册资本做出决议；对发行公司债券做出决议；对公司合并、分立、解散、清算或者变更公司形式做出决议；修改公司章程；公司章程规定的其他职权。

我国《公司法》第九十九条同时规定，本法第三十七条第一款关于有限责任公司股东会职权的规定，适用于股份有限公司股东大会。因此，股东大会与股东会的基本职能一样。

（四）董事会的定义

董事会是依照有关法律、行政法规和政策规定，按公司或企业章程设立并由全体董事组成的业务执行机关。股份有限公司的董事会，是由股东大会选举产生的董事组成的。董事会是股份有限公司的执行机构，贯彻公司股东大会的决议，对内管理公司事务，对外代表公司。此外，董事会也是股份有限公司的必设机构，我国有关法律十分重视董事会在股份有限公司中的地位，认为它既是公司的执行机构，又是公司的集体领导机关，其领导水平对公司的稳定和发展举足轻重。

（五）董事会权限及义务

1. 董事会权限

董事会权限包括普通事项和特别事项。

普通事项包括：负责召集股东大会，并向大会报告工作；执行股东大会的决议；决定公司的经营计划和投资方案；制订公司的年度财务预算方案、决算方案；决定公司内部管理机构的设置；制订公司的基本管理制度；管理公司信息披露事项；向股东大会提请聘任或更换为公司审计的会计师事务所；听取公司经理的工作汇报并检查经理的工作；法律、法规或公司章程规定，以及股东大会授予的其他决定非特别事项的职权。

特别事项包括：制订公司的利润分配方案和弥补亏损方案；制订公司增加或者减少注册资本、发行债券或其他证券及上市方案；拟订公司重大收购、回购本公司股票或者合并、分立和解散方案；在股东大会授权范围内，决定公司风险投资、资产抵押及其他担保事项；公司董事长的选任、解任及报酬；聘任或者解聘公司经理、董事会秘书；根据经理的提名，聘任或者解聘财务负责人等高级管理人员，并决定其报酬事项和奖惩事项；制订公司章程的修改方案。

2. 董事会的义务

召集股东会（股东常会和临时股东会）的义务；向股东会报告召集事由的义务；关于会计表册（营业报告书、资产负债表、财产目录、损益表等）的义务，主要包括编造会计表册，在股东常会召开前备置会计表册供股东查阅，将会计表册提交股东会请求确认，经确认后，将会计表册分发给各股东并公告；在公司备置章程及历届股东会议事录、资产负债表、损益表、股东名簿、公司债存根簿等各项簿册，供查阅或抄录；申请公司重整；申请宣告公司破产；通知公司解散（除破产），将解散的要旨公告各股东，并专函通知记名股股东。

（六）监事会的定义

为了保证公司正常有序地进行经营，保证公司决策正确和领导层正确执行，防止滥用职权，危及公司、股东及第三人的利益，公司应设立监察人或监事会。监事会对股东大会负责，对公司的经营管理进行全面的监督。为了保证监事会的独立性，监事不得兼任董事和经理，对内不能参与公司的经营决策与管理，一般情况下无权对外代表公司。

（七）监事会权限

监事会权限包括：检查公司的财务，并有权要求执行公司业务的董事和经理报告公司的业务情况；对董事、经理和其他高级管理人员执行公司职务时违反法律、法规或者章程的行为进行监督；当董事、经理和其他高级管理人员的行为损害公司的利益时，要求其予以纠正，必要时向股东大会或国家有关主管机关报告；提议召开临时股东大会；列席董事会会议；公司章程规定或股东大会授予的其他职权；监事会行使职权时，必要时可以聘请律师事务所、会计师事务所等专业性机构给予帮助，由此发生的费用由公司承担。

（八）薪酬委员会的概念

薪酬委员会由董事会设立，以协助董事会行使其职权。薪酬委员会一般不参与公司日常的管理，且并非公司的常设机构，公司可以根据其实际情况决定设置与否。

薪酬委员会成员必须全部由董事组成，且不得超过 19 人（董事会最高人数），建议其委员会最低人数为 3 人，且最好为奇数。其中，独立董事应占二分之一以上并担任召集人。

除以上要求外，对薪酬委员会委员的专业资格没有特别要求。

（九）审计委员会的概念

审计委员会由董事会设立，以协助董事会行使其职权。审计委员会是处理有关公司财务和会计监督等专门事项的内部职能机构，它并非公司的常设机构，公司可以根据其实际情况决定设置与否。

审计委员会成员必须全部由董事组成，且不得超过 19 人，建议其委员会最低人数为 3 人，且最好为奇数。其中，独立董事应占二分之一以上并担任召集人。

除以上要求外，审计委员会成员中至少应有一人是专业会计人士。

（十）提名委员会的概念

提名委员会是董事会按照股东大会的决议设立的专门工作机构，主要负责对公司董事和经理人员的人选、选择标准和程序进行选择并提出建议。

提名委员会成员必须全部由董事组成，且不得超过 19 人，建议其委员会最低人数为 3 人，且最好为奇数。其中，独立董事应占二分之一以上并担任召集人。

除以上要求外，对于提名委员会成员无其他要求。

（十一）战略发展委员会的概念

战略发展委员会是董事会按照股东大会决议设立的专门工作机构，主要负责对公司长期发展战略和重大投资决策进行研究并提出建议。

战略发展委员会成员必须全部由董事组成，且不得超过 19 人，建议其委员会最低人数为 3 人，且最好为奇数。其中，独立董事应占二分之一以上并担任召集人。

除以上要求外，对于战略发展委员会成员无其他要求。

三、同步练习

（一）单选题

1. 集中分布型股权结构是指（　　）。

　　A. 股权高度分散　　B. 股权高度集中　　C. 公司没有大股东　　D. 股权比较分散

2．MM 理论认为（   ）。

    A．考虑所得税的情况下，负债越多，企业价值也会越大

    B．决定企业价值高低的关键要素是企业的净营业收益

    C．企业资本结构会影响经理人员的工作水平和其他行为选择

    D．企业的筹资存在优先顺序

3．下列属于董事会普通事项的有（   ）。

    A．听取公司经理的工作汇报并检查经理的工作

    B．审议批准公司的年度财务预算方案、决算方案

    C．审议批准公司的利润分配方案和弥补亏损方案

    D．对公司增加或者减少注册资本做出决议

4．下列属于董事会普通事项的有（   ）。

    A．制订公司的利润分配方案和弥补亏损方案

    B．制订公司增加或者减少注册资本、发行债券或其他证券及上市方案

    C．拟订公司重大收购、回购本公司股票或者合并、分立和解散方案

    D．负责召集股东大会，并向大会报告工作

5．董事的业务执行权是指（   ）。

    A．对重大问题的具体执行业务权

    B．出席董事会并对决议事项投票表示赞成或反对的权限

    C．代表公司的权限

    D．请求公司偿还债务

（二）多选题

1．企业融资渠道可分为（   ）。

    A．股权融资   B．债务融资   C．内源融资   D．外源融资

2．企业融资方式可分为（   ）。

    A．股权融资   B．债务融资   C．内源融资   D．外源融资

3．下列属于股权的自益权的有（   ）。

    A．股利分配请求权   B．股份转让、抵押和继承的权利

    C．股份购买请求权   D．剩余财产索取权

4．下列属于股权共益权的有（   ）。

    A．股东大会出席权   B．重大事项表决权及审批权

    C．查阅公司各种文件账表的权力   D．选举权和被选举权

5．下列属于股东会的职权的有（   ）。

    A．决定公司的经营方针和投资计划

    B．选举和更换非由职工代表担任的董事、监事

    C．决定有关董事、监事的报酬事项

    D．审议批准董事会的报告

6. 下列属于股东会的职权的有（　　）。

A. 审议批准监事会或者监事的报告

B. 审议批准公司的年度财务预算方案、决算方案

C. 审议批准公司的利润分配方案和弥补亏损方案

D. 对公司增加或者减少注册资本做出决议

7. 下列属于股东会的职权的有（　　）。

A. 对发行公司债券做出决议

B. 对公司合并、分立、解散、清算或者变更公司形式做出决议

C. 制订公司的年度财务预算方案、决算方案

D. 修改公司章程

8. 下列属于董事会普通事项的有（　　）。

A. 负责召集股东大会，并向大会报告工作　　B. 执行股东大会的决议

C. 决定公司的经营计划和投资方案　　　　　D. 制订公司的年度财务预算方案、决算方案

9. 下列属于董事会普通事项的有（　　）。

A. 决定公司内部管理机构的设置

B. 制订公司的基本管理制度

C. 管理公司信息披露事项

D. 向股东大会提请聘请或更换为公司审计的会计师事务所

10. 下列属于董事会特别事项的有（　　）。

A. 制订公司的利润分配方案和弥补亏损方案

B. 制订公司增加或者减少注册资本、发行债券或其他证券及上市方案

C. 拟订公司重大收购、回购本公司股票或者合并、分立和解散方案

D. 在股东大会授权范围内，决定公司风险投资、资产抵押及其他担保事项

11. 下列属于董事会特别事项的有（　　）。

A. 董事长的选任、解任及报酬

B. 聘任或者解聘公司经理、董事会秘书

C. 根据经理的提名，聘任或者解聘财务负责人等高级管理人员

D. 制订公司章程的修改方案

12. 下列属于经理人一般事务管理权的有（　　）。

A. 主持公司的生产经营管理工作，并向董事会报告工作

B. 组织实施董事会决议、公司年度计划和投资方案

C. 在公司所造具的会计表册上签名盖章

D. 拟订公司内部管理机构设置方案

13. 下列属于经理人一般事务管理权的有（　　）。

A. 拟订公司的基本管理制度

B. 制订公司的具体规章

C. 提请董事会聘任或者解聘公司副经理、财务负责人

D. 聘任或者解聘除应由董事会聘任或者解聘以外的管理人员

14. 下列属于经理人一般事务管理权的有（　　　）。

　　A. 拟订公司职工的工资、福利、奖惩，决定公司职工的聘用和解聘

　　B. 提议召开董事会临时会议

　　C. 提议召开临时股东会会议

　　D. 提议召开监事会临时会议

15. 下列属于监事监督权的有（　　　）。

　　A. 业务执行监督权　　　　　　　　B. 公司会计审核权

　　C. 董事会停止违法行为的请求权　　D. 股东停止违法行为的请求权

16. 下列属于监事会权限的有（　　　）。

　　A. 检查公司的财务，并有权要求执行公司业务的董事和经理报告公司的业务情况

　　B. 对董事、经理和其他高级管理人员执行公司职务时的违法行为进行监督

　　C. 制订公司的基本管理制度

　　D. 列席董事会会议

17. 下列属于薪酬委员会权限的有（　　　）。

　　A. 对董事的基本工资、奖金和股权激励的提案权

　　B. 对监事的基本工资、奖金和股权激励的提案权

　　C. 对经理及其他高管人员的基本工资、奖金和股权激励的提案权

　　D. 对重大关联交易的审核

18. 下列属于战略发展委员会权限的有（　　　）。

　　A. 对公司长期发展战略规划进行研究并提出建议

　　B. 对《公司章程》规定须经过董事会批准的重大投资融资方案进行研究并提出建议

　　C. 对《公司章程》规定须经董事会批准的重大资本运作、资产经营项目进行研究并提出建议

　　D. 推荐并聘任会计师事务所

（三）名词解释题

1. 公司治理结构

2. 董事会

3. 监事会

4. 独立董事

5. 执行董事

6. 非执行董事

（四）简答题

1. 股东权利有哪些？请简要述之。

2. 董事权利有哪些？请简要述之。

3. 独立董事的任职资格是什么？

4. 监事会权限是什么？

（五）案例分析题

案例一

A公司的监事会组成之困

某市一家从事钢铁制造业的股份有限公司，成立于 2013 年春。公司成立之初，按照《公司法》的要求设立了股东会、董事会和监事会，并且在 2013 年组建监事会时，从公司内部员工中选择了一名职工监事，其他的监事由公司董事长和副董事长兼任，共四名监事。该监事会设立后，由于从未按照《公司法》的规定行使监事会职权，所以该公司的股东之一王某认为应当重组公司监事会，并多次向董事会提出要求，但是董事会没有采用其建议。于是王某向法院起诉，要求解散公司原监事会，并重新建立监事会。

要求：请分析法院的判决结果是否会如王某所愿呢？为什么？

案例二

独立董事与内幕交易

2012 年 5 月 23 日，证监会通报 3 起证券期货违法违规案件，山西漳泽电力股份有限公司原独立董事杨治山涉嫌的内幕交易案赫然在列。杨治山时任中信证券研究部质量总监、电力行业首席分析师、漳泽电力独立董事。根据深交所监控发现的线索，经查，杨治山相关交易行为涉嫌犯罪，2012 年 2 月，证监会将该案移送公安机关查处。目前，杨治山被公安机关刑事拘留。

据证监会披露，杨治山在任漳泽电力独立董事并参与该公司与同煤集团资产重组事项期间，利用所知悉的内幕信息指使他人开户买入漳泽电力股票，在知悉证监会开始调查后又以低价卖出，意图以亏损减轻法律制裁。证监会负责人称其"偷鸡不成反蚀把米，搬起石头砸自己的脚"。

要求：请分析上述案例中独立董事违背了什么原则？其在公司治理中应如何发挥作用？

公司治理机制 | 第三章

一、学习目的与要求

通过本章的学习，读者能了解激励机制、决策机制以及监督机制的设计原理，熟悉激励机制、决策机制以及监督机制的主要内容，掌握反接管的几种情形并能够加以区分。

二、内容概要

（一）激励机制的主要内容

国际公司治理研究人员通过实证研究和总结，认为对经营者行之有效的激励机制包括如下几个方面。

1. 报酬激励机制

对经营者的报酬激励可以由固定薪金、股票与股票期权、退休金计划等构成。

西方现代公司聘用的高中层经理（包括总经理、事业部或子公司经理），一般采用激励性合同的形式，将固定薪金、奖金、股票等短期激励与延期支付奖金、分成、股票期权、退休金计划等长期激励进行结合。在美国公司中，按照长期业绩付给的激励性报酬所占比例很大，总经理固定薪金比重并不高，奖金等报酬形式同公司效益挂钩的部分比重大，长期激励性的报酬可达其总收入的40%～60%，综合计算下来，有的总经理的年收入甚至可达几千万美元。

2. 剩余支配权与经营控制权激励机制

剩余支配权激励机制，通俗地说就是公司股东与经营者约定，分享公司经营利润的一种激励方式。经营控制权激励机制使得经营者具有职位特权，享受职位消费，能够给经营者带来正规报酬激励之外的物质利益满足，如豪华的办公室、汽车、合意的雇员、到风景名胜地公务旅行等。

3. 声誉或荣誉激励机制

这种激励属于精神激励的范畴。声誉、荣誉及地位是激励经营者努力工作的重要因素。高层经营者或称职业经理人，非常注重自己长期职业生涯的声誉，声誉和荣誉激励一方面能使经营者获得社会赞誉，从而产生成就感和心理满足，另一方面意味着未来的货币收入。

4. 聘用与解雇的激励机制

公司的资本所有者除了上述货币性的支付这类主要激励手段外，行使对经营者的聘用和解雇权也是其激励手段之一。聘用和解雇对经营者行为的激励，是通过职业经理人在人才市场的竞争来实现的。这种激励方式与上述声誉激励相联系。声誉是经理被聘用或者解聘的重要条件，经营者对声誉越重视，这种激励手段的作用就越大。

实现公司内部激励机制的途径主要包括以下方面：一是要完善公司内部收入分配制度；二是要

完善经理人员任免机制；三是要建立经营者风险抵押机制；四是要完善和加快经理人市场和资本市场的建设，重视市场约束作用。

（二）监督机制的主要内容

1. 股东与股东会的监督机制

（1）股东的监督

股东的监督表现为"用手投票"和"用脚投票"两种形式。用手投票即在股东会上通过投票否决董事会的提案或其他决议案，或者通过决议替换不称职的或者对现有亏损承担责任的董事会成员，从而促使经理层人员的更换；用脚投票即在预期收益下降时，通过股票市场或其他方式抛售或者转让股票。

股东的监督具有明显的局限性：一方面，股东的极端分散性使得众多中小股东的个人投票微不足道，任凭大股东操纵董事会；另一方面，由于众多小股东从证券市场获取信息成本高昂，他们往往对公司经营及财务报告不够关心，"用脚投票"时往往带有很大的盲目性。

（2）股东会的监督

股东会是公司的最高权力机构，股东会的监督是公司最高权力机构的监督，理论上说具有最高的权威性和最大的约束性。但是，股东会不是常设机关，其监督权的行使往往交给专事监督职能的监事会或者部分地交给董事会，仅保留对公司经营结果的审查权和决定权。

具体地说，股东会对公司经营活动及董事、经理的监督表现为：选举和罢免公司的董事和监事；对玩忽职守、未能尽到受托责任的董事提起诉讼；对公司高层管理人员的经营活动及有关的账目文件具有阅览权，以了解和监督公司的经营，此即知情权和监察权；通过公司的监事会对董事会和经理层进行监督。

2. 董事会的监督机制

董事会的监督表现为董事会对经理层的监督。董事会对经理层的监督表现为一种制衡关系，其通过行使聘任或者解雇经理层人员、制定重大和长期战略来约束经理层人员的行为，以监督其决议是否得到贯彻执行以及经理人员是否称职。

但由于董事只是股东的受托人，有些董事本身是股东，而有些董事不是股东，而且由于董事会和经理人员分享经营权，因此可能存在董事人员偷懒，或与经理人员合谋损害股东利益等问题。因此，董事会对经理的监督是有限度的。

3. 监事会的监督机制

监事会是公司专事监督职能的机构，监事会对股东会负责，以出资人代表的身份行使监督权。监事会以董事会和经理层人员为监督对象。监事会可以进行会计监督和业务监督，可以进行事前、事中和事后监督。多数国家的公司法规定，监事会列席董事会议，以便了解决策情况，同时对业务活动进行全面的监督。

一般来说，监事会的监督机制具体表现在：通知经营管理机构停止违法或越权行为；随时调查公司的财务情况，审查文件账册，并有权要求董事会提供情况说明；审核董事会编制的、提供给股东会的各种报表，并把审核意见向股东会报告；当监事会认为有必要时（一般是在公司出现重大问题时），可以提议召开股东会。

（三）决策机制的主要内容

公司治理的权力系统由股东会、董事会、监事会和经理层构成。决策机制解决的就是公司权力在上述机构中如何科学、合理地分配的问题。决策机制是公司治理机制的核心。

1. 股东会的决策

（1）股东会决策权的基本内容

从多数国家的公司立法规定来看，股东年会的决策权主要内容为：决定股息分配方案；批准公司年度报告、资产负债表、损益表以及其他会计报表；决定公司重要的人事任免；增减公司的资本；修改公司章程；讨论并通过公司股东提出的各种决议草案。

（2）股东会的决策方式

股东会的决策是以投票表决的方式来实现的，表决的基础是按股分配，所有投票者一律平等，每股一票。具体的表决方式有直接投票、累积投票、分类投票、偶尔投票和不按比例投票 5 种。

2. 董事会的决策

（1）董事会决策权的基本内容

在股东会闭会期间，董事会是公司的最高决策机关，是公司的法定代表。除了股东会拥有或授予其他机构拥有的权力以外，公司的一切权力由董事会行使或授权行使。董事会的重大决策权，因不同国家的立法不同而有一些不同，但主要的或者类似的决策权基本是一致的，内容包括：制定公司的经营目标、重大方针和管理原则；挑选、聘任和监督经理层人员，并决定高级经理人员的报酬与奖惩；提出盈利分配方案供股东会审议；通过、修改和撤销公司内部规章制度；决定公司财务原则和资金的周转；决定公司的产品和服务价格、工资、劳资关系；代表公司签订各种合同；决定公司的整个福利待遇；召集股东会。

（2）董事会的决策方式

董事会会议决议是以投票表决的方式做出的，表决采取每人一票的方式，在投票时一旦出现僵局，董事长往往有权行使裁决权，即投决定性的一票。

（四）公司外部治理机制之一——证券市场在控制权配置中的作用

控制权市场是以市场为依托而进行的产权交易，其本身也是一种资本运动，它的运动必须借助于证券市场。证券市场的作用表现为：证券市场的价值职能为控制权配置主体的价值评定奠定了基础；发达的资本市场造就了控制权配置主体；资本市场上的投资多样化为控制权市场配置提供了重要推动力。

（五）公司外部治理机制之一——债权人治理机制弱化的成因

1. 银行法的限制

按照我国现行的《商业银行法》规定，商业银行在中华人民共和国境内不得向非银行金融机构和企业投资。由于企业所欠债务 70% 以上来自商业银行，这就意味着该部分债权在债务人违约时无法转化为股权。因此，银行作为最大的债权人除按贷款协议扣押企业的抵押担保外，无权参与企业的经营决策等。

2. 公司法的限制

根据我国《公司法》的规定，董事、监事代表的是股东的利益。这就排除了债权人在公司正常的经营条件下参加公司治理的法律途径。

（六）公司外部治理机制之一——机构投资者参与公司治理

机构投资者参与公司治理的原因主要在于：严格限制机构投资者参与公司治理的法律环境渐趋宽松；机构投资者成长很快、规模不断扩大；以"股东至上主义"为核心的股权文化的盛行。机构投资者参与公司治理的必要性和可行性主要表现为：首先，解决国内上市公司治理中的"内部人控制"问题需要机构投资者的介入；其次，包括基金在内的机构投资者正面临着转变投资理念、开辟新的投资途径的任务；最后，以证券公司、基金公司为代表的机构投资者拥有人才、资金和政策优势，这也为机构投资者参与公司治理提供了可能性。

（七）公司外部治理机制之———经理人市场

经理人市场主要从以下 2 个方面对经营者产生约束作用。一是经理人市场本身是企业选择经营者的重要来源，在经营不善时，现任经营者就存在被替换的可能性。这种来自于外部乃至企业内部潜在经营者的竞争将会迫使现任经营者努力工作；二是市场的信号显示和传递机制会把企业的业绩与经营者的人力资本价值对应起来，促使经营者为提升自己的人力资本价值而全力以赴地改善公司业绩。因此，成熟经理市场的存在，能有效促使经理人勤勉工作，激励经理人不断创新，注重为公司创造价值。

三、同步练习

（一）单选题

1．下列属于报酬激励的是（　　）。

    A．声誉激励   B．荣誉激励

    C．聘用与解雇激励   D．股票激励

2．下列属于毒丸计划的是（　　）。

    A．售卖"冠珠"   B．股权摊薄反收购措施

    C．虚胖战术   D．白衣骑士

3．下列属于焦土战术的是（　　）。

    A．售卖"冠珠"   B．股权摊薄反收购措施

    C．金色降落伞   D．白衣骑士

4．下列属于金色降落伞的是（　　）。

    A．售卖"冠珠"   B．股权摊薄反收购措施

    C．高额补偿高管   D．白衣骑士

（二）多选题

1．对经营者的报酬激励可以包括（　　）。

    A．固定薪金   B．股票与股票期权

    C．退休金计划   D．经营控制权激励

2．股东的监督表现为（　　）。

    A．用手投票   B．用脚投票

    C．经理层的监督   D．停止违法或越权

3．公司并购的目的有（　　）。

    A．企业发展的动机   B．发挥协同效应

    C．加强对市场的控制能力   D．获取价值被低估的公司

4．反接管策略包括（　　）。

    A．毒丸计划   B．焦土战术   C．金色降落伞   D．白衣骑士

（三）名称解释题

1．公司内部治理机制

2．激励机制

3．监督机制

4．决策机制

5．公司外部治理机制

6．白衣骑士

7．焦土战术

（四）简答题

1．对高层管理者的激励机制有哪些？

2．公司内部监督机制实施的主要途径是什么？

3．企业并购的目的是什么？

4．反接管的方式有哪些？

（五）案例分析题

深圳华为独具一格的公司治理机制

深圳华为技术有限公司（以下简称"华为"）是全球最大的生产销售通信设备的民营通信科技公司，于 1987 年由任正非以 2 万元人民币创立。2013 年华为的年营业收入达到了 394 亿美元，远超爱立信的 336 亿美元，成为全球通信产业龙头老大。2014 年《财富》世界 500 强企业中，华为排行第 285 位，特立独行的华为是世界 500 强企业中唯一一家没上市的公司。华为的大获成功，与其独具一格的"激励机制+制衡机制"公司治理模式是分不开的。

华为开创性地建立了独具一格的激励机制——全员虚拟受限股制度。所谓虚拟受限股，是华为公司工会授予员工的一种特殊股票。拥有虚拟受限股的员工，可以获得一定比例的分红，以及虚拟受限股对应的公司净资产增值部分，但没有所有权、表决权，也不能转让和出售。在员工离开企业时，股票只能由华为控股工会回购。任正非通过全员虚拟受限股制度，构建了中国企业中史无前例的奖酬分红制度，华为 98.6% 的股票，都归员工所有，任正非本人所持有的股票只占了 1.4%。一直以来，华为推行的员工持股计划被视为其发展的一大驱动力，造就了华为式管理的向心力，也打造了"狼性"华为的战斗力。通过这项计划，有超过 7 万名中国籍员工成为该公司虚拟受限股股东。华为在 2013 年推出了名为"时间单位计划（Time Unit Plan）"的外籍员工持股计划。目前，华为外籍员工人数接近 3 万人。

华为的另一个创新是独具一格的制衡机制——轮值 CEO 制度，以确保决策和执行的有效性和合理性。华为公司实行董事会领导下的轮值 CEO 制度，轮值 CEO 在轮值期间作为公司经营管理以及危机管理的最高责任人，对公司生存发展负责。轮值 CEO 负责召集和主持董事会常务委员会会议。在日常管理决策过程中，对履行职责的情况及时向董事会成员、监事会成员通报。轮值 CEO 由三名副董事长轮流担任，轮值期为 6 个月，依次循环。华为的轮值 CEO 是由一个小团队组成，由于和而不同，能掌控企业不断地快速适应环境的变化；他们的决策是集体做出的，可以互相监控和制衡，也避免了因个人过分偏执带来的公司僵化；同时，可以规避意外风险带来的公司运作的不确定性，从而确保决策和执行的有效性和合理性。轮值 CEO 轮值 6 个月之后卸任，并非离开核心层，他们仍在决策的核心层，不仅对业务的决策，而且对干部、专家的任用都有很大的影响力。轮值 CEO 是一种职责和权利的组织安排，并非是一种使命和责任的轮值。轮值 CEO 成员在不担任 CEO 期间，并没有卸掉肩上的使命和责任，而是继续参与集体决策，并为下一轮的轮值做好准备。

　　要求：请仔细阅读案例并分析华为独特治理机制的类型，然后讨论其背后对公司发展的意义。

公司治理模式 | 第四章

一、学习目的与要求

通过本章的学习，读者能了解公司治理的基本模式的划分以及公司治理的未来发展趋向，熟悉市场主导型的英美公司治理模式、机构主导型的德日公司治理模式、家族治理模式以及我国公司治理的主要内容和特点。

二、内容概要

公司治理的实质在于治理主体对治理客体的监督与制衡，以解决因信息不对称而产生的逆向选择和道德风险问题。从公司治理的力量源泉来看，公司治理模式可以分为：外部治理模式、内部治理模式和家族治理模式。

（一）公司治理力量来源

1. 外部控制主导型公司治理模式

外部控制主导型公司治理模式又称市场导向型公司治理模式，是指外部市场在公司治理中起着主要作用。虽然该种模式中董事会作为公司治理的核心同样兼有决策和监督双重职能，非执行董事也承担一定的监督职能，但这种治理主要是以大型流通性资本市场为基本特征，公司大都在股票交易所上市。其存在的具体外部环境是：非常发达的金融市场、股份所有权广泛分散的开放型公司、活跃的公司控制权市场。在这些外部条件确立的情况下，公司控制权的竞争在股票市场上是相当普遍的现象。公司经营者的业绩大幅下降，公司股票价格就会随之下跌，当有实力的集团认为有利可图时，就会出现股票市场上的收购现象，持股比例的变化带来公司控制主体的变化，公司股东和高层管理人员的地位也会随之改变，这种约束和激励的形式被称为接管机制。这种机制是来自外部的对企业经营者约束和激励的核心。

2. 内部控制主导型公司治理模式

内部控制主导型公司治理模式是指股东（法人股东）、银行（一般也是股东）和内部经理人员起着主要作用，资本流通性相对较弱，外部证券市场不十分活跃。金融机构及个人通过给公司巨额贷款或持有公司巨额股份而对公司及代理人进行实际控制，依其对公司的长期贷款与直接持股而实现对公司重大决策的参与，使公司及代理人决策受到其支配。

3. 家族控制主导型公司治理模式

家族控制主导型公司治理模式是指家庭占有公司股权的相对多数，企业所有权与经营权不分离，家族在公司中起着主导作用。该种公司治理机制以血缘为纽带，以对家庭成员内的权力分配和制衡为核心。由于血缘关系的存在，这种家族关系能在一定程度上减少以代理成本为代表的治理成本。家族中的信任和忠诚在一定程度上克服了由利己主义引起的代理成本，从而减少了股权成本。正如加里·贝克尔所说，"家庭内部的配置大部分是通过利他主义和有关的义务确定的，而厂商内部的配置大部分通过隐含的或明显的契约确定"。这样，家族企业在一定程度上消除了代理成本的根源，这应该有助于公司治理作用的发挥。也是因为家庭的原因，董事会、监事会和股东会同时设立，但公司的重要决策仍是以企业家人决策方式为主，私营企业主独揽大权，有关机构的设立并未发挥应有的作用。

（二）董事会模式

西方的法律制度（包括公司法在内）主要分为两大体系，即以欧洲大陆主要资本主义国家为代表的大陆法系和以英、美两国为代表的英美体系，因而作为公司治理机构核心的董事会也就出现了单层、双层和混合三大类型。

1. 单层董事会模式

单层董事会模式也称一元模式，即董事会集执行职能和监管职能于一身，不设监事会，治理中的监督职能是通过独立董事制度来实现的。董事会既是决策机构，又是监督机构。为了防止大股东独家操纵董事会，法律还规定大股东不进入董事会，或尽可能少地进入董事会。

2. 双层董事会模式

双层董事会模式也叫二元模式，所谓"双层"是指公司设置董事会和监事会共同治理结构，而执行职能和监督职能是分开的，即董事会履行执行职能，监事会履行监督职能。董事会是公司股东和职工利益的代表机构和公司经营的决策机构，监事会地位高于董事会，有权任免董事会成员，而董事会一般只是落实监事会决议，负责公司日常的经营管理。

3. 混合董事会模式

公司既设董事会又设监事会，但是董事会和监事会都是由股东大会选出的。这种治理模式最早源于日本，后来亚洲的一些国家和地区也采取了这种模式。根据我国《公司法》的有关条款，我国的公司董事会更倾向于混合董事会模式：既采用类似于董事会和监事会并行的水平式双层制模式，又突出强调普通法系独立董事制度下单层制模式。股东大会、董事会和管理层形成三权制衡的格局，经理层决策受股东大会、董事会和监事会的监督和约束。但这种模式下监事会的作用很难发挥，从立法关系上来讲，监事会应该对股东大会负责，但是在实际的执行过程中，监事会等于是对董事会负责，不是对股东大会负责。

（三）英美市场主导型治理模式的主要内容

（1）形式上的股东大会。

（2）独特的董事会设计。

（3）高度分散且流动的股权结构。

（4）以接融资为主。

（四）德日公司治理模式的主要内容

（1）相对集中的法人股东股权结构。

（2）股权控制弱化，经营管理者拥有极大的经营决策权。

（3）严密的监督机制，在此模式下对企业经营者的内部监督主要来自3个方面：主银行的监督、企业集团内部的监督和公司成员的监督。

（五）家族治理模式的主要内容

（1）以血缘关系为纽带的高度集中的股权结构。

（2）所有权、控制权与经营权的高度统一。

（3）家庭化的公司管理。

（4）经营者激励、约束双重化。

三、同步练习

（一）单选题

1. 下列属于外部治理模式特点的是（　　）。

　　A. 内部经理人员在公司治理中起着主要作用

　　B. 资本流通性相对较弱

　　C. 非常发达的金融市场

　　D. 外部证券市场不十分活跃

2. 下列属于内部治理模式特点的是（　　）。

　　A. 非常发达的金融市场　　　　　　B. 股份所有权广泛分散的开放型公司

　　C. 活跃的公司控制权市场　　　　　　D. 内部经理人员在公司治理中起着主要作用

3. 下列属于德日公司治理模式的主要内容的是（　　）。

　　A. 形式上的股东大会　　　　　　　B. 以直接融资为主

　　C. 相对集中的法人股东股权结构　　　D. 高度分散且流动的股权结构

4. 所有权、控制权与经营权的高度统一属于下列哪类治理模式（　　）。

　　A. 英美模式　　　B. 德日模式　　　C. 家族模式　　　D. 外部模式

5. 德日治理模式的优势是（　　）。

　　A. 实现了资本市场的优化配置

　　B. 经营者激励约束双重化

　　C. 产权结构能有效监控公司的生产经营活动

　　D. 有利于管理者和所有者沟通协调

（二）多选题

1. 公司治理模式按利益导向的分类包括（　　）。

　　A. 股东治理模式　　　　　　　　　B. 利益相关者治理模式

　　C. 利益相关者主次治理模式　　　　　D. 家族治理模式

2. 公司治理模式按力量源泉的分类包括（　　）。

　　A. 外部治理模式　　　　　　　　　B. 内部治理模式

　　C. 家族治理模式　　　　　　　　　D. 股东治理模式

3. 下列属于双层董事会模式的有（　　）。

　　A. 英美董事会模式　　　　　　　　B. 德国董事会模式

　　C. 日本董事会模式　　　　　　　　D. 专门委员会模式

4. 英美公司治理模式的主要内容特点有（　　）。

　　A. 形式上的股东大会　　　　　　　B. 独特的董事会设计

　　C. 高度分散且流动的股权结构　　　　D. 以直接融资为主

5. 德日治理模式的弊端包括（　　）。

    A. 缺乏外部资本市场的压力，公司的监督制度形同虚设

    B. 经营者创新意识不强，企业缺乏发展动力

    C. 股东的特殊性易生成泡沫经济

    D. 公司股权的高度流动性使英美公司资本结构的稳定性差

（三）名词解释题

1. 单层董事会

2. 双层董事会

3. 混合董事会

4. 英美治理模式的主要内容

5. 德日治理模式的主要内容

6. 家族治理模式的主要内容

（四）简答题

1. 简述世界范围内董事会治理模式。

2. 英美治理模式的优势和弊端各是什么？

3. 德日治理模式的优势和弊端各是什么？

4. 家族治理模式的优势和弊端各是什么？

5. 公司治理与公司管理的异同是什么？

（五）案例分析题

案例一

三星集团的家族控股

三星集团是家族企业，李氏家族世袭旗下的各个三星产业均为家族产业，并由家族中的其他成员管理，目前的集团领导人已传李氏第三代，与东亚家族治理模式相近。

三星集团创办人李秉喆共有 8 名子女，其子李孟熙曾任三星电子副会长，一度被认为是三星集团接班人。但李秉喆在世时，李孟熙在继承权竞争中已经败给了弟弟李健熙。李秉喆去世后，最终核心财产主要留给了幼子李健熙，包括三星电子、三星物产、第一毛纺织，其他子女只获得非核心财产。2012 年 2 月，李健熙 80 岁的哥哥李孟熙和 76 岁的姐姐李淑熙向首尔中央地区法院提交诉状，他们希望要回李健熙持有的三星人寿保险公司股票。这两位原告在三星集团内均没有任何职务。而李健熙表示，他不会给哥哥一分钱，因为父亲已经解决了财产继承问题。

三星集团虽然已快传承到第三代，但管理模式仍是中央集权的帝王式管理。据说李健熙开口时，无人敢说一个"不"字。这种模式的优点是决策果断高效、进取心强，特别适合竞争激烈、发展迅速的电子行业。当竞争者还在反复商讨应该开发哪种技术时，李健熙已经在听取多名工程师意见后果断拍板，三星电子迅速崛起并超越索尼正得益于此。

要求：请结合所学知识分析三星公司家族治理存在什么问题？

案例二

真功夫蔡潘之战

潘宇海在东莞长安镇创办了"168 甜品屋"，1994 年，潘宇海将"168 甜品屋"50%的股份给了

蔡达标、潘敏峰夫妇，"168 甜品屋"更名为"168 蒸品店"。1997 年，"168 蒸品店"更名为"东莞市双种子饮食有限公司"，开始走上连锁扩张之路。2004 年，"双种子公司"确定企业总体发展战略，并将品牌名称改为"真功夫"。2006 年 9 月，蔡达标夫妇感情破裂，双方协议离婚。潘敏峰将自己在真功夫 25%的股份让渡给蔡达标，以换取子女的抚养权。自此，蔡达标获得与潘宇海对等的股权比例。此后，蔡达标宣称上市计划。2007 年 10 月，真功夫引入今日资本和中山联动两家风投各约 1.5 亿元人民币注资，各占 3%的股份，蔡达标和潘宇海的股份则同时被稀释到了 47%。2007 年，真功夫成功引进风投后，对公司的经营管理要求更为规范，原来作为家族企业无所谓的关联交易和人事安排需要切断和规范，蔡达标借机提出了去家族化的口号，蔡达标把去家族化作为其排挤公司其他股东和打击异己的工具，把去家族化演变为去潘氏化。蔡达标和潘宇海两人为争夺公司控制权，长期缠斗，共同缔造真功夫的蔡潘两家，在合作蜜月之后却走向了"内斗"，至今未息。在过去几年的时间里，真功夫的股东混战不仅仅让蔡达标遭遇牢狱之灾，而且让这个本来有机会成为中式快餐连锁第一品牌，并有可能 IPO 的明星公司变成了平庸公司。

　　要求：请分析真功夫股东混战的导火索是什么？应如何安排好家族企业的股权结构比例来避免上述问题？

内部控制的产生与发展 | 第五章

一、学习目的与要求

通过本章的学习，读者能了解国内外内部控制产生与发展的背景，熟悉国外内部控制演进阶段以及各阶段的内容与特点，理解我国企业内部控制发展和创新过程，掌握内部控制与公司治理之间的区别和联系。

二、内容概要

（一）内部控制的演进

内部控制起源于内部牵制，其发展演进过程经历了内部控制制度、制度分野、内部控制结构、内部控制整体框架和企业风险管理框架几个阶段。

1. 内部控制制度

1949 年，美国注册会计师协会所属的审计程序委员会，在其公布的《内部控制：一个协调的系统要素及其对管理层和独立公共会计师的重要性》的研究报告中，对内部控制做了专门的定义。这个定义成为人类社会有史以来第一个被广泛接受的权威定义，即内部控制包括组织的计划和企业为了保护资产、检查会计数据的准确性和可靠性、提高经营效率以及促使遵循既定的管理方针等所采用的所有方法和措施。该报告是从企业经营管理的角度来定义内部控制的，内容不局限于与会计和财务部门直接有关的控制，还包括预算控制、成本控制、定期报告、统计分析、培训计划和内部审计以及技术与其他领域的经营活动，从理论上给出了内部控制的宽泛内涵。该定义得到了公司经理们的普遍赞同。也就是说，审计界给出的内部控制定义从当时管理者的角度来说也是适用的。

2. 制度分野

内部控制分为会计控制和管理控制。美国注册会计师协会所属的审计程序委员会于 1953 年颁发了《审计程序说明》第 19 号，对内部控制定义做了正式修正，把内部控制分为了会计控制和管理控制。会计控制包括授权与批准制度，记账、编制财务报表、保管财务资产等职务分离，财产的实物控制以及内部审计等控制。管理控制由组织计划和所有为提高经营效率、保证管理部门所制定的各项政策得到贯彻或与此直接有关的方法和程序构成。管理控制的方法和程序通常只与财务记录发生间接的关系，包括统计分析、时效研究、经营报告、雇员培训计划和质量控制等。把内部控制分为会计控制和管理控制，目的是为了明确注册会计师审查企业内部控制的范围。

3. 内部控制结构

1988 年，AICPA 的审计准则委员会（SAS）发布了第 55 号审计准则公告《会计报表审计中对内部控制结构的关注》，用"内部控制结构"代替"内部控制"概念，不再区分会计控制和管理控制，而是确立了一种控制结构，指出"企业的内部控制结构包括为合理保证企业特定目标而建立的各种政策和程序"，并指出内部控制结构包含三要素，控制环境、会计系统和控制程序。

4．内部控制整体框架

1992 年，COSO 委员会提出《内部控制—整体框架》，并于 1994 年进行了修订。这就是著名的"COSO 报告（简称 COSO92）"，它被称为是最被广泛认可的关于内部控制整体框架的国际标准。COSO 认为"内部控制是由董事会、管理当局和其他职员实施的一个过程，旨在为经营的效率和效果、财务报告的可靠性、相关法令的遵循提供合理保证"。

5．企业风险管理框架

2004 年 9 月，COSO 委员会在借鉴以往有关内部控制研究报告的基本精神的基础上，结合《萨班斯—奥克斯利法案》在财务报告方面的具体要求，正式公布《企业风险管理—整体框架》(Enterprise Risk Management—Integrated Framework，简称 ERM 框架或 COSO04)。ERM 框架在 COSO92 的基础上进行了适当的补充和拓展，主要包括概要、ERM 的意义、框架概览、要素、局限性、相关责任等章节。

企业风险管理包含四大目标、八个相互关联的构成要素以及贯穿于企业的各个层级和单元应用。八个构成要素包括内部环境、目标设定、事项识别、风险评估、风险应对、控制活动、信息与沟通、监控。这八个要素并不是简单的并列关系，它们之间存在着一定的逻辑关系，内部环境是企业风险管理的前提；从目标设定到事项识别、风险评估、风险应对、控制活动，是一个风险管理的过程；信息与沟通、监控是企业风险管理的基础。

（二）我国企业内部控制规范化进程

我国的企业内部控制长期以来一直是处于"诸侯割据"的状态，很多部门都积极参加了企业内部控制的建设工作，先后发布了许多法律、法规。我国企业内部控制的发展大体可以分为三个阶段：第一阶段是起步和探索阶段（1949—2000 年）。第二个阶段是学习与借鉴阶段（2001—2005 年）。这一阶段的内部控制规范与实践，主要强调内部会计控制，内部控制为会计、审计服务。以《内部会计控制规范》为例，该规范整个制订过程中存在的问题是：控制理念比较落后，只是强制会计控制问题而忽视了管理控制；参与制订的组织机构不是很完整，主要是财政部和会计界在制订，其他领域参与者很少；控制规范的体系性、完整性比较差，只有 11 个控制规范，而且也没有相应的实施指南等；制订时间太长，没有计划性，影响了实施效果；制订程序也比较差，不严密、不科学。第三阶段是发展与创新阶段（2006 年至今）：2008 年 6 月，财政部、证监会、审计署、银监会、保监会在北京联合召开企业内部控制基本规范发布会暨首届内部控制高层论坛，会议发布了《企业内部控制基本规范》。同月，还发布了企业内部控制基本规范相关配套指引的征求意见稿。2010 年 4 月，五部委联合发布《企业内部控制基本规范及配套指引》，其内容包括内部控制应用指引、内部控制评价指引、内部控制审计指引。

（三）公司治理与内部控制的关系

公司治理和内部控制两者之间存在着一些相同点且内容上存在相互交叉与重叠区域，在企业的管理实践中，两者存在着一定的关联性：

（1）具有同源性；

（2）具有共同载体；

（3）存在着交叉区域。

两者的区别：

（1）两者的具体目标不同；

（2）两者的控制主体不同；

（3）两者所涉及的管理内容不同；

（4）两者所使用的手段不同；

（5）两者所归属的法规体系不同。

三、同步练习

（一）单选题

1．内部控制定义中的"过程"是指（　　）。

    A．方法和措施　　　　B．政策和程序　　　　C．动态的监控　　　　D．静止的结果

2．下列关于内部控制演进过程描述正确的是（　　）。

    A．内部控制在查错防弊方面的作用是万能的

    B．内部会计控制就是内部控制的全部内涵

    C．内部控制不能杜绝企业所有的风险

    D．企业风险管理与内部控制是对立的两个概念

3．首先提出内部控制"合理保证"观的是（　　）。

    A．制度阶段　　　　B．制度分野阶段　　　　C．结构阶段　　　　D．整体框架阶段

4．首先提出内部控制"过程"观的是（　　）。

    A．制度阶段　　　　B．制度分野阶段　　　　C．结构阶段　　　　D．整体框架阶段

（二）多选题

1．下列关于内部控制说法正确的有（　　）。

    A．内部控制的每一步发展都是公司失败案件或系统危机的推动

    B．制度与技术同等重要

    C．内部控制与公司管理的边界越来越模糊

    D．内部控制是对控制目标的合理保证

2．如何理解内部控制是目标的合理保证（　　）。

    A．内部控制存在固有的局限性

    B．内部控制能够合理规避、防范风险

    C．内部控制能够实现"零容忍"

    D．控制目标与组织目标是一致的

3．内部控制理论演变过程说明（　　）。

    A．内部控制的目标范围由小到大，目标层次由低到高

    B．内部控制的架构由一维的扁平结构演变为三维的立体架构制度

    C．内部控制要素由模糊变为清晰且细化

    D．内部控制与公司管理的边界越来越融合

（三）名词解释题

1．内部控制

2．内部控制结构

3．内部控制整体框架

4．控制环境

5．风险评估

6．控制活动

7．信息与沟通

8．监控

（四）简答题

1．国外内部控制演进的 5 阶段分别是什么？请简述之。

2．内部控制整体框架（COSO92）的 5 要素分别是什么？请简述之。

3．简述我国五部委在 2008—2010 年颁布的关于内部控制的规章制度有哪些？

4．简述公司治理与内部控制之间的关系。

（五）案例分析题

案例一

三九集团的财务危机

从 1992 年开始，三九集团在短短几年时间里，通过收购兼并企业，形成医药、汽车、食品、酒业、饭店、农业，房产等几大产业并举的格局。但是，2004 年 4 月 14 日，三九医药发出公告：因工商银行要求提前偿还 3.74 亿元的贷款，目前公司大股东三九药业及三九集团（三九药业是三九集团的全资公司）所持有的公司部分股权已被司法机关冻结。至此，整个三九集团的财务危机全面爆发。三九集团总裁赵新先曾在债务风波发生后对外表示："你们（银行）都给我钱，使我头脑发热，盲目上项目。"截至危机爆发之前，三九集团约有 400 多家公司，实行五级公司管理体系，其三级以下的财务管理已严重失控；三九系深圳本地债权银行贷款已从 98 亿元升至 107 亿元，而遍布全国的三九系子公司和控股公司的贷款和贷款担保约在 60 亿～70 亿元，两者合计，整个"三九系"贷款和贷款担保余额约为 180 亿元。

要求：请分析三九集团内部控制是否有效？为什么？

案例二

内部控制渐成企业重要管控手段——上海家化的内控缺陷引发市场危机

2014 年 3 月，上海家化在公布 2013 年年度财务报告的同时，也公布了普华永道中天会计师事务所出具的否定意见内部控制审计报告，公司自身出具了内部控制无效的自我评价报告。这两份报告都认定上海家化存在三项财务报告内部控制重大缺陷，分别涉及关联交易、销售返利和运输费用核算、财务人员培训领域。对于上海家化这种经营发展各方面表现都还不错的公司，内控审计被出具"否定意见"，引发了市场的大量相关猜测和联想。

根据内部控制审计报告显示，上海家化的财务报告内部控制存在重大缺陷，其中一项是：对财务人员的专业培训尚不够充分、对最新会计准则的掌握不够准确、财务报告及披露流程中的审核存在部分运行失效，未能及时发现对外委托加工业务、销售返利、可供出售的金融资产在长期资产与流动资产的分类、营销类费用在应付账款与其他应付款的分类等会计处理的差错，影响财务报表中多个会计科目的准确性。公司尚未在 2013 年度完成对上述存在重大缺陷的内部控制的整改工作，但在编制 2013 年度财务报表时已对这些可能存在的会计差错予以关注、避免和纠正，并对前期对应数据相应进行了追溯调整及重述。总之，有效的内部控制能够为财务报告及相关信息的真实完整提供合理保证，而该公司的一系列重大缺陷使公司内部控制失去了这一功能。

要求：请根据此案例分析企业内部控制为什么会受到越来越多企业的重视？

内部控制基本框架 | 第六章

一、学习目的与要求

通过本章的学习，读者能了解内部牵制、企业风险管理框架基本内容、国内外内部控制相关领域比较，熟悉内部控制与企业风险管理的关系以及内部控制的重要性及局限性，掌握内部控制基本规范及配套指引框架结构，并能运用内部控制基本理论分析现实问题。

二、内容概要

（一）内部控制相关概念的界定

1. 内部牵制

内部牵制的概念最早在 1905 年由特克西提出。他认为内部牵制由三部分组成，即职责分工、会计记录、人员轮换。这三项在现代内部控制中都有所体现。内部牵制按照实现机制的不同，可分为分离式牵制和合作式牵制两类。

（1）分离式牵制

分离式牵制即不相容职务相分离，所谓不相容职务是指那些如果由一个人或一个部门担任，既可能发生错误和舞弊行为，又可能掩盖其错误和舞弊行为的职务。不相容职务主要有授权批准、业务经办、会计记录、财产保管和稽核检查等职务，包括岗位的不相容、部门的不相容以及流程的不相容。不相容职务分离主要是指授权审批与业务经办、业务经办与会计记录、会计记录与财产保管、业务经办与稽核检查、授权批准与监督检查等不能由一个人或一个部门进行。由此可见，内部牵制主要是以不相容职务分离为主要流程设计的，是内部控制的最初形式和基本形态。

（2）合作式牵制

合作式牵制是指通过合作达到相互制约、相互监督的作用。例如，会审机制，企业面对重大决策、重大业务事项、重要的人事任免以及大额资金支付时，需要领导层集体决策、集体联签，以防止个人决策的失误；合同会签制度，合同在生效前不仅需要主管部门签字盖章，还需要其他协作部门共同参与。会审、会签人员共同参与、共担责任，可以降低决策、合同的风险。另外，企业内部各部门之间在业务上的协助也属于合作式牵制。

2. 我国对内部控制概念的界定

2008 年 6 月 28 日，五部委颁布的《企业内部控制基本规范》将内部控制定义为：内部控制是由企业董事会、监事会、经理层和全体员工实施的，旨在实现控制目标的过程。

3. 企业风险管理（2004）架构

2004 年，COSO 为企业风险管理确立了一个可普遍接受的定义，该定义融入了众多观点并达成共识，为各组织识别风险和加强对风险的管理提供了坚实的理论基础，即企业风险管理是一个受企业董事会、管理层和其他人士影响的过程，运用于制定战略之中，并且贯穿整个企业，用以识别可能影响该企业的潜在事项，并且将风险控制在风险偏好的范围之内，为达到实体目标提供合理的保证。

企业风险管理（2004）框架的主要贡献在于重新界定了风险管理，即风险管理是由目标、要素和组织3个维度组成的有机整体。

第一维度为企业的目标，即战略目标、经营目标、报告目标和合规目标。战略目标与高层目标相关，和企业使命相一致，企业所有的经营管理活动必须长期有效地支持该使命。经营目标与企业运营的效果和效率相关，包括业绩和利润目标，运营变化以管理当局对结构和业绩的选择为基础，旨在使企业能够有效及高效地使用资源。报告目标与组织报告可靠性相关，包括对内报告和对外报告，涉及财务和非财务信息。合规目标层次较低，是最基础的目标，与组织遵循相关法律法规有关。

第二维度为构成要素，即内部环境（Internal Environment）、目标设定（Objective Setting）、事项识别（Event Identification）、风险评估（Risk Assessment）、风险应对（Risk Response）、控制活动（Control Activities）、信息与沟通（Information and Communication）和监控（Monitoring）。

第三维度组织是企业的层级，包括主体层次、分部、业务单元及子公司。三个维度的关系是：全面风险管理的8个要素都是为企业的4个目标服务的；企业各个层级都要坚持同样的4个目标；每个层次都必须从以上8个方面进行风险管理。

4. 内部控制与企业风险管理的关系分析

内部控制与企业风险管理的目的都是为了满足企业在不同环境中对不确定性的应对管理，从而达到企业预期目的并实现持续发展。

（1）内部控制和风险管理各有侧重。内部控制侧重制度层面，通过规章制度规避风险；风险管理侧重交易层面，通过市场化的自由竞争或市场交易规避风险。

（2）内部控制与风险管理的根本作用都是维护投资者利益、保全企业资产，并创造新的价值。

（3）做好内部控制是做好风险管理的前提。

企业风险管理框架建立在内部控制整体框架的基础上，内部控制则是企业风险管理必不可少的一部分。风险管理框架的范围比内部控制框架的范围更为广泛，是对内部控制框架的扩展，是一个主要针对风险的更为明确的概念。企业风险管理框架强调在整个企业范围内识别和管理风险的重要性，强调企业的风险管理应针对企业目标的实现，在企业战略制定阶段就予以考虑，而企业在对其下属部门进行风险管理时，应对风险进行加总，从组织的顶端、以一种全局的风险组合观来看待风险。此外，企业应根据风险管理的需要，对企业目标进行重新分类，明确战略目标在风险管理中的地位。

（二）我国企业内部控制规范的结构与内容

2010年4月26日，财政部、证监会、审计署、银监会、保监会联合发布了《企业内部控制及配套指引》。该配套指引包括18项《企业内部控制应用指引》，以及《企业内部控制评价指引》和《企业内部控制审计指引》，连同此前发布的《企业内部控制基本规范》，标志着适应我国企业实际情况、融合国际先进经验的中国企业内部控制规范体系基本建成。我国内部控制规范体系分为两个层面，一是基本规范，二是配套指引。

1. 基本规范

《企业内部控制基本规范》是内部控制建设与实施应该遵循的基本原则和总体要求，具有强制性，纳入实施范围的企业应当遵照执行。《企业内部控制配套指引》（包括应用指引、评价指引和审计指引）是对《企业内部控制基本规范》相关规定的进一步补充和说明，具有指导性和示范性，企业可以结合所在行业要求和企业自身特点，参照配套指引的规定开展内部控制建设与实施工作。

2. 配套指引

配套指引包括的应用指引、评价指引和审计指引三者之间既相互独立，又相互联系，形成了一个有机整体。

（1）企业内部控制应用指引

应用指引是对企业按照内部控制五大原则和内部控制五大要素建立健全本企业内部控制所提供的指引，在配套指引乃至整个内部控制规范体系中占据主体地位，主要包括控制环境类指引、控制活动类指引和控制手段类指引。

（2）企业内部控制评价指引

评价指引是为企业管理层对本企业内部控制有效性进行自我评价提供的指引，用于企业董事会或类似决策机构对内部控制有效性进行全面评价、形成评价结论、出具评价报告的过程。

（3）企业内部控制审计指引

审计指引是为注册会计师和会计师事务所执行内部控制审计业务的执业准则。

3. 企业内部控制规范的基本内容

我国企业内部控制规范的基本框架，可以概括为 5 大目标、5 大原则和 5 大要素。

（1）内部控制的目标

内部控制是围绕目标展开的，因此明确目标至关重要。内部控制的目标应是整个控制系统的出发点，决定了系统运行的方式和方向。《企业内部控制基本规范》中对内部控制提出了合法合规、资产安全、财务报告及相关信息真实完整、提高经营效率和效果以及促进企业实现发展战略的 5 大目标。这 5 大目标简称为合规目标、资产安全目标、报告目标、经营目标和战略目标。内部控制 5 大目标是一个完整的目标体系，由于各大目标在控制体系中的层级不同，其在整个目标体系中的地位和作用也有所差异。

（2）内部控制的原则

内部控制的基本原则是建立和实施各种内部控制应遵循的具有普遍性和指向性的法则和原则，它所要解决的问题是，为了实现内部控制的目标，基于内部控制的基本假设，根据内部控制的理论基础，应当如何科学地设计和执行内部控制的问题。《企业内部控制基本规范》明确指出，企业建立与实施内部控制，应当遵循全面性、重要性、制衡性、适应性、成本效益 5 大原则。这 5 大原则形成一个整体，设计企业的内部控制应做到统筹兼顾，不可偏废。

（3）内部控制的要素

按照《企业内部控制基本规范》的规定，我国企业内部控制包括内部环境、风险评估、控制活动、信息与沟通、内部监督 5 大要素。

① 内部环境是企业实施内部控制的基础，一般包括治理结构、机构设置及权责分配、内部审计、人力资源政策、企业文化等。内部环境是影响、制约内部控制建立与执行的各种因素的总称，是实施内部控制的基础。

② 风险评估是指企业及时识别、系统分析经营活动中与实现内部控制目标相关的风险，合理确定风险应对策略。因此，风险评估主要包括目标制定、风险识别、风险分析和风险应对 4 个环节。风险评估是实施内部控制的重要依据。

③ 控制活动是企业根据风险评估结果，采用相应的控制措施，将风险控制在可承受的范围之内。它是实施内部控制的具体手段。

④ 信息与沟通是指企业及时、准确地收集、传递与内部控制相关的信息，确保信息在企业内部、企业与外部之间的有效沟通和正确应用的过程。它是实施内部控制的重要条件。

⑤ 内部监督是指企业对内部控制建立与实施情况进行监督检查，评价内部控制的有效性，发现内部控制缺陷，应当及时加以改进。它是实施内部控制的重要保证。

（三）内部控制的重要性和局限性

1. 内部控制的重要性

内部控制作为现代组织管理框架的重要组成部分，是一个组织持续发展的机制和重要保证。现代组织理论和管理实践表明，组织的一切管理工作，都要从建立与健全内部控制制度开始；组织的一切活动，都无法游离于内部控制之外。"得控则强，失控则弱，无控则乱"，内部控制的重要性主要体现在以下 4 个方面。

（1）内部控制是实现企业发展战略的基础。

（2）内部控制是提高企业经营管理效率的保证。

（3）内部控制是提高企业信息质量的保证。

（4）内部控制是加强企业制度管理的根本。

2. 内部控制的局限性

（1）成本限制。

（2）人为失误。

（3）串通舞弊。

（4）滥用职权。

（5）制度失效。

（6）例外事件。

三、同步练习

（一）单选题

1. 下列具有强制性要求的是（　　　）。

    A．企业内部控制基本规范　　　　　　B．企业内部控制应用指引

    C．企业内部控制评价指引　　　　　　D．企业内部控制审计指引

2. 对企业按照内部控制五大原则和内部控制五大要素建立健全本企业内部控制所提供的指引是指（　　　）。

    A．企业内部控制基本规范　　　　　　B．企业内部控制应用指引

    C．企业内部控制评价指引　　　　　　D．企业内部控制审计指引

3. 内部控制应该贯穿决策、执行和监督全过程，覆盖企业及其所属单位的各种业务和事项，属于下列（　　　）原则。

    A．全面性　　　　　B．重要性　　　　　C．制衡性　　　　　D．适应性

4. 内部控制应当在治理结构、机构设置及权责分配、业务流程等方面形成相互制约、相互监督，同时兼顾运营效率，属于下列（　　　）原则。

    A．全面性　　　　　B．重要性　　　　　C．制衡性　　　　　D．适应性

5. 通常所说的"三重一大"是指（   ）。

    A．重大决策、重大投融资、重大担保、大额资金支付业务

    B．重大投融资、重大事项、重要人事任免、大额资金支付业务

    C．重大担保、重大事项、重要人事任免、大额资金支付业务

    D．重大决策、重大事项、重要人事任免、大额资金支付业务

（二）多选题

1. 企业内部控制配套指引包括（   ）。

    A．企业内部控制基本规范   B．企业内部控制应用指引

    C．企业内部控制评价指引   D．企业内部控制审计指引

2. 下列具有指导性和示范性作用的有（   ）。

    A．企业内部控制基本规范   B．企业内部控制应用指引

    C．企业内部控制评价指引   D．企业内部控制审计指引

3. 下列属于内部控制基本原则的有（   ）。

    A．全面性   B．重要性   C．制衡性   D．适应性

4. 下列属于内部控制基本要素的有（   ）。

    A．内部环境   B．风险评估   C．控制活动   D．内部监督

5. 下列属于内部控制基本目标的有（   ）。

    A．合规目标   B．资产目标   C．报告目标   D．经营目标

6. 下列属于我国企业内部控制应用指引的有（   ）。

    A．控制制度类指引   B．内部环境类指引

    C．控制活动类指引   D．控制手段类指引

7. 下列属于企业控制手段类指引的有（   ）。

    A．组织架构   B．合同管理   C．全面预算   D．社会责任

8. 组织架构的风险包括哪两个方面（   ）。

    A．治理结构的风险   B．组织机构方面的风险

    C．缺乏执行力的风险   D．机构形同虚设的风险

9. 在董事会下需要设立哪些专门委员会（   ）。

    A．战略委员会   B．审计委员会   C．提名委员会   D．薪酬与考核委员会

（三）名词解释题

1. 分离式牵制

2. 企业内部控制基本规范

3. 制衡性原则

4. 适应性原则

5. 成本效益原则

（四）简答题

1. 什么是合作式牵制？请举例说明

2. 我国企业内部控制规范体系的结构是怎么样的？

3. 企业内部控制的基本目标是什么？

4．企业内部控制的基本原则是什么？

5．企业内部控制的基本要素是什么？

6．内部控制的局限性有哪些？

（五）案例分析题

案例一

C 集团内部控制无效的后果

C 集团是一家大型企业，有自己的财务公司并在内部设立分支机构。其财务公司在上海的分公司由王某同时兼任资金调拨、制单、记账、印鉴管理等多项工作。

某日，王某未经过经理的任何授权批准，按该企业上海某开户银行的"要求"（据事后调查，银行是为了满足存款期末余额的考核指标），通过银行转账支票将分公司在该行活期账户上的 3 000 万元转成在该银行的定期存款，同时该银行给分公司开具了大额定期存款单据。8 天后，该银行又将该笔 3 000 万元定期存款转回到活期存款账户。经追查，银行给该笔业务的定期单利率为零，并且活期存款也少支付 8 天共 1.38 万元的利息。

要求：请分析此案例中 C 集团的内部控制存在什么问题？

案例二

无锡尚德电力的成与败

无锡尚德太阳能电力有限公司（以下简称"尚德电力"）由施正荣于 2001 年 1 月建立，是一家集研发、生产、销售于一体的外商独资高新技术光伏企业，目前拥有 5 个生产基地（分别位于无锡、洛阳、青海、上海及日本长野），并在全球拥有约 11 000 名员工。自成立以来，公司呈现出突飞猛进的发展态势，一跃成为世界上第四大太阳能电池制造商。据中国太阳能协会统计，2012 年，我国光伏组件产能已经达到 450 万千瓦，是 2009 年的 700%，呈爆炸式发展。而在实际的市场需求方面，一组数据显示，到 2012 年，全球市场需求在 2 000 万千瓦左右，产能却达到 4 500 万千瓦，多余的 2 000 余万千瓦只能淘汰。对于市场的过分乐观使得尚德电力犯了最基本的错误，无视市场需求，被表面的虚假繁荣所迷惑，进一步大张旗鼓地扩大产能。到 2012 年年底，尚德电力的年产能达 2.4GW。

据有关资料显示，2011 年，尚德电力的短期银行借款额就高达 15.73 亿美元。截至 2013 年 2 月底，包括工行、农行、中行在内的 9 家债权银行对尚德电力的本外币授信余额折合人民币已达到 71 亿元。2013 年 3 月 20 日，无锡市中级人民法院发布公告称，无锡尚德太阳能电力有限公司无法归还到期债务，依法裁定破产重整。

要求：请分析此案例中尚德电力的内部控制存在什么问题？

内部环境 | 第七章

一、学习目的与要求

通过本章的学习，读者能了解内部环境是内部控制的基础，熟悉内部环境的构成因素、因素之间的动态关系以及国内外的差异，掌握组织架构、发展战略、人力资源、社会责任和企业文化等企业层面控制的风险及应对。

二、内容概要

（一）内部环境概述

从内部环境发展演进阶段可以看出，内部环境诸因素均有着千丝万缕的联系，它们一脉相承，分别代表着社会经济、企业管理等发展各时期内部环境的主要影响成分。

1. SASNO.55：内部环境的形成

1988 年，美国注册会计师协会（AICPA）发布《审计准则公告第 55 号》（以下简称"SASNO.55"），第一次正式将控制环境纳入内部控制范畴，控制环境从此成为内部控制理论研究的重要方面。该公告首次提出"内部控制结构"的概念，指出控制环境是对建立、加强或削弱特定政策、程序及其效率产生影响的各种因素，这些因素包括经营管理理念、组织结构、董事会、授权与分配责任的方法、管理控制方法、内部审计、人力资源政策与实务等。

2. 内部控制整体框架：内部环境的发展

1992 年，COSO 发布《内部控制——整体框架》（以下简称"COSO92"），提出控制环境是组织的基调，主导或左右着组织成员的控制理念；是其他内部控制要素的基础，决定着控制的边界和结果，包括诚信与道德、素质要求、董事会与审计委员会、管理哲学与经营风格、组织结构、责任分配与授权、人力资源政策与执行 7 大因素。

3. 企业风险管理框架：内部环境的成熟

COSO 的《企业风险管理——整体框架》（以下简称"COSO04"）用"内部环境"代替了"控制环境"，提出内部环境包含组织的基调、营销组织中人员的风险意识，是企业风险管理所有其他构成要素的基础，由风险管理理念、风险文化、董事会、操守和价值观、对胜任能力的承诺、管理方法和经营模式、风险偏好组织结构、职责和权限分配、人力资源政策和实务 9 大因素构成。

4. 企业内部控制基本规范

内部环境是企业实施内部控制的基础，一般包括治理结构、机构设置及权责分配、内部审计、人力资源政策、企业文化等。总体来说，基本规范借鉴了 SASNO.55 的表述方式，同时融入了 COSO92 的先进理念。

（二）内部环境的内容

在我国内部控制框架中，组织架构、发展战略、人力资源、社会责任和企业文化均属于企业层面的控制（环境控制或基础控制），其风险及应对有别于业务层面的控制（应用控制）。

1. **组织架构**

组织架构指引认为，组织架构是一项制度安排，明确了股东（大）会、董事会、监事会、经理层和企业内部各层级机构设置、职责权限、人员编制、工作程序和相关要求，主要包括治理结构和内部机构设置。

（1）组织架构的主要风险

组织架构的风险主要来自于 2 个方面。

① 治理结构形同虚设，缺乏科学决策、良性运行机制和执行力，可能发生经营失败。

② 内部机构设计不科学，权责分配不合理，可能导致机构重叠、职能交叉或缺失，运行效率低下。

（2）组织架构风险的主要应对措施

组织架构风险的主要应对措施如下。

① 企业应当根据国家有关法律法规的规定，明确董事会、监事会和经理层的职责权限、任职条件、议事规则和工作程序，确保决策、执行和监督相互分离，形成制衡机制。同时企业在重大决策、重大事项、重要人事任免及大额资金支付业务等（即通常所说的"三重一大"）方面，应当按照规定的权限和程序实行集体决策审批或者联签制度；任何个人不得单独进行决策或者擅自改变集体决策意见。

② 企业应当按照科学、精简、高效、透明、制衡的原则，综合考虑企业性质、发展战略、文化理念和管理要求等因素，合理设置内部职能机构，明确各机构的职责权限，避免职能交叉、缺失或权责过于集中，形成各司其职、各负其责、相互制约、相互协调的工作机制。

③ 企业应当根据组织架构的设计规范，对现有治理结构和内部机构设置进行全面梳理，确保本企业治理结构、内部机构设置和运行机制等符合现代企业制度要求。

④ 拥有子公司的企业应当建立科学的投资管控制度，通过合法有效的形式履行出资人职责、维护出资人权益，重点关注子公司特别是异地、境外子公司的发展战略、年度财务预决算、重大投融资、重大担保、大额资金使用、主要资产处置、重要人事任免、内部控制体系建设等重要事项。对子公司控制一直是企业集团层面关注的一个重要问题，组织架构应用指引在综合调研的基础上提出此项要求，对实务操作具有重要指导作用。

2. **企业发展战略**

企业发展战略是指企业在对现实状况和未来趋势进行综合分析和科学预测的基础上，制定并实施的长远发展目标与战略规划。

（1）发展战略的主要风险

发展战略的主要风险包括以下内容。

① 缺乏明确的发展战略或发展战略实施不到位，导致企业盲目发展，难以形成竞争优势，丧失发展机遇和动力。

② 发展战略过于激进，脱离企业实际能力或偏离主业，导致企业过度扩张、经营失控甚至失败。

③ 发展战略频繁变动，导致企业资源严重浪费，最后危及企业的生存和持续发展。

（2）发展战略风险的应对措施

针对上述风险及影响，企业采取的应对措施包括以下内容。

① 企业健全组织机构，在董事会下设立战略委员会，或指定相关机构负责发展战略管理工作。同时，对战略委员会的成员素质、工作规范也提出相应要求。

② 企业应在充分调查研究、科学分析预测和广泛征求意见的基础上制定发展目标,而不是靠拍脑袋,盲目制定发展战略。在制定目标过程中,企业应综合考虑宏观经济政策、国内外市场需求变化、技术发展趋势、行业及竞争对手状况、可利用资源水平和自身优势与劣势等影响因素。

③ 强调战略规划应当根据发展目标制定,明确发展的阶段性和发展程度,确定每个发展阶段的具体目标、工作任务和实施路径。

④ 董事会从全局性、长期性和可行性等维度,严格审议战略委员会提交的发展战略方案,之后再报经股东(大)会批准实施。

⑤ 从抓实施的角度,企业应根据发展战略,制订年度工作计划,编制全面预算,将年度目标分解、落实,确保发展战略有效实施。

⑥ 设立发展战略后实施评估制度,要求战略委员会加强对发展战略实施情况的监控,定期收集和分析相关信息。对发现明显偏离发展战略的情况,要求及时报告;如确需对发展战略做出调整,企业要遵循规定的权限和程序调整发展战略。

3. 人力资源

企业的人力资源是指企业为组织生产经营活动而录用的各种人员,包括董事、监事、高级管理人员和全体员工。

(1)人力资源的主要风险

企业应当明确人力资源面临的主要风险,以及这些风险可能导致的后果。

① 人力资源缺乏或过剩、结构不合理、开发机制不健全,导致企业的发展战略可能难以实现。

② 人力资源激励约束制度不合理、关键岗位人员管理不完善,导致人才流失、经营效率低下。

③ 人力资源退出机制不当,导致法律诉讼或企业声誉受损。

(2)人力资源风险的应对措施

针对上述风险及影响,企业采取的应对措施包括以下内容。

① 企业应当根据人力资源总体规划,结合生产经营实际需要,制订年度人力资源需求计划。也就是说,人力资源要符合发展战略需要,符合生产经营对人力资源的需求,尽可能做到"不缺人手,也不养闲人"。

② 企业应当根据人力资源能力框架要求,明确各岗位的职责权限、任职条件和工作要求,通过公开招聘、竞争上岗等多种方式选聘优秀人才。这项要求实际上意在强调企业要选合适的人,要按公开、严格的程序去选人,防止人情招聘、暗箱操作。

③ 企业确定选聘人员后,应当依法签订劳动合同,建立劳动用工关系;已选聘人员要进行试用和岗前培训,试用期满考核合格后,方可正式上岗。

④ 企业应当建立和完善人力资源的激励约束机制,设置科学的业绩考核指标体系,对各级管理人员和全体员工进行严格考核与评价,并制定与业绩考核挂钩的薪酬制度。如何留住引进来的优秀人才,对企业至关重要,这项要求就是对此提出的指引,企业应当予以足够关注。

⑤ 企业应当建立、健全员工退出(辞职、解除劳动合同、退休等)机制,明确退出的条件和程序,确保员工退出机制得到有效实施。只有退出机制健全,退出条件和程序清楚,才能够防范和化解当前企业人力资源退出方面存在的诸多问题,使企业人力资源管理步入良性循环的轨道。

4. 社会责任

社会责任是指企业在经营发展过程中应当履行的社会职责和义务,主要包括安全生产、产品质量（含服务）、环境保护、资源节约、促进就业、员工权益保护等。

（1）社会责任的主要风险

社会责任的主要风险包括如下内容。

① 安全生产措施不到位，责任不落实，导致企业发生安全事故。

② 产品质量低劣，侵害消费者利益，导致企业巨额赔偿、形象受损，甚至破产。

③ 环境保护投入不足，资源耗费大，造成环境污染或资源枯竭，导致企业巨额赔偿、缺乏发展后劲，甚至停业。

④ 不重视就业和员工权益保护，导致员工积极性受挫，影响企业发展和社会稳定。

（2）社会责任风险的应对措施

针对上述风险及影响，企业采取的应对措施包括以下内容。

① 设立安全管理部门和安全监督机构，建立严格的安全生产管理体系、操作规范和应急预案，强化安全生产责任追究制度，切实做到安全生产。

② 规范生产流程，建立严格的产品质量控制和检验制度，严把质量关，禁止缺乏质量保障、危害人民生命健康的产品流向社会。

③ 提高员工的环境保护和资源节约意识，建立环境保护与资源节约制度，认真落实节能减排责任，积极开发和使用节能产品，发展循环经济，降低污染物排放，提高资源综合利用效率。

④ 依法保护员工的合法权益，保障员工依法享有劳动权利和履行劳动义务，保持工作岗位相对稳定，积极促进充分就业。

⑤ 针对目前少数企业对公益事业（如接纳大学生实习等）、慈善事业等漠不关心的情况，社会责任应用指引指出，企业应当按照"产学研用"相结合的社会需求，积极创建实习基地，大力支持社会有关方面培养、锻炼社会需要的应用型人才；同时，应积极履行社会公益方面的责任和义务，关心帮助社会弱势群体，支持慈善事业。

5. 企业文化

企业文化是指企业在生产经营实践中逐步形成的、被整体团队所认同并遵守的价值观、经营理念和企业精神，以及在此基础上形成的行为规范的总称。

（1）企业文化的主要风险

企业应当明确企业文化面临的主要风险，以及这些风险可能导致的后果。

① 企业缺乏积极向上的企业文化，导致员工丧失对企业的信心和认同感，缺乏凝聚力和竞争力。

② 缺乏开拓创新、团队协作和风险意识，导致企业发展目标难以实现，影响可持续发展。

③ 企业缺乏诚实守信的经营理念，导致舞弊事件的发生，造成企业损失，影响企业信誉。

（2）企业文化风险的应对措施

针对上述风险及影响，企业采取的应对措施包括以下内容。

① 积极培育具有自身特色的企业文化，充分体现企业特色的发展愿景、积极向上的价值观、诚实守信的经营理念、履行社会责任和开拓创新的企业精神，以及团队协作和风险防范意识，以此引导和规范员工行为，打造以主业为核心的企业品牌，形成整体团队的向心力，促进企业长远发展。这项应对措施同时也表明，打造企业主业品牌应当作为企业文化建设中的重要内容。

② 重视并购重组后的企业文化建设，平等对待被并购方的员工，促进并购双方的文化融合。这是基于当前企业并购实务中企业文化融合问题特别提供的指引，应引起相关企业的高度重视。

③ 要求董事、监事、经理和其他高级管理人员在企业文化建设中发挥主导和垂范作用，以自身的优秀品格和脚踏实地的工作作风，带动影响整个团队，共同营造积极向上的企业文化环境。这充分说明，企业文化建设既要注重"上下结合"，更应注重企业治理层和经理层的示范作用。

④ 要求企业加强企业文化的宣传贯彻，促进文化建设在内部各层级的有效沟通，并确保全体员工共同遵守；同时，要求企业文化建设融入生产经营全过程，切实做到文化建设与发展战略的有机结合，增强员工的责任感和使命感，规范员工行为方式，使员工自身价值在企业发展中得到充分体现。也就是说，企业文化建设不能停留在企业最高层，不能停留在文本上，不能停留在泛泛的宣传上，不能脱离生产经营过程，不能背离发展战略，而应融入企业的肌体、汇入企业的血脉。

三、同步练习

（一）单选题

1.（　　）是对企业控制的建立和实施有重大影响的各种因素的统称，包括管理者的思想和经营作风、组织结构、董事会的职能、授权和分配责任的方式、管理控制方法、内部审计、人事政策和实务、外部影响等。

　　A．控制环境　　　B．会计系统　　　C．控制程序　　　D．控制活动

2．组织架构可以从治理结构和内部机构两个层面理解，治理结构中规定各治理层面的职责权限，其中规定（　　）负责内部控制的建立健全和有效实施。

　　A．股东大会　　　B．董事会　　　C．监事会　　　D．经理层

3．企业文化表现形式分为4个层次，下列（　　）是企业各种活动的指导思想，属于"核心文化"层次。

　　A．精神文化　　　B．制度文化　　　C．行为文化　　　D．物质文化

4．在COSO内部控制框架中，属于其他内部因素根基的是（　　）。

　　A．信息与沟通　　　B．监察　　　C．控制环境　　　D．控制活动

5．下列内部环境因素中起保障性作用的是（　　）。

　　A．企业文化　　　B．内部审计　　　C．人力资源政策　　D．公司治理结构

6．企业按产品、客户、地区等来设立事业部，每一个事业部都是一个有相当自主权的利润中心，独立地进行日常经营决策，各事业部都相当于一个U型企业的组织结构是（　　）。

　　A．U型结构　　　B．M型结构　　　C．H型结构　　　D．矩阵型结构

7．为企业提供精神支柱，提升企业的核心竞争力，还可以为内部控制有效性提供有力保证的是（　　）。

　　A．企业的规章制度　　　　　　B．企业文化
　　C．管理层的管理理念　　　　　D．管理者与员工的关系

8．为了使员工了解企业内部组织架构设置及权责配置情况，企业应当制订相关制度或文件。下列文件中属于反映企业内部权限配置的文件是（　　）。

　　A．组织结构图　　　　　　　B．业务流程图
　　C．岗（职）位说明书　　　　D．权限指引

9．下列选项中，批准公司发展战略的公司内部机构是（　　）。

　　A．总经理办公会　　B．战略委员会　　C．董事会　　　D．股东（大）会

10. 为保证企业按照计划引进人力资源，企业每年应当根据人力资源规划和生产经营实际需要，制定的计划是（　　）。

    A．企业发展战略　　　　　　　　　B．年度生产经营计划

    C．人力资源需求计划　　　　　　　D．资金计划

11. 企业发生重大安全生产事故，应当及时启动（　　）。

    A．快速反应机制　　B．危险警报　　　C．应急预案　　　D．应急演练

12. 为促进企业长期稳定发展，企业在打造品牌时，应当作为核心的是（　　）。

    A．企业团队　　　　B．企业产业链　　C．主业　　　　　D．辅业

（二）多选题

1. 企业的社会责任包括（　　）。

    A．安全生产、产品质量　　　　　　B．环境保护

    C．促进就业　　　　　　　　　　　D．资源节约

2. 内部环境是企业实施内部控制的基础，是其他内部控制要素的根基。以下属于内部环境的有（　　）。

    A．组织结构　　　B．治理结构　　　C．人力资源　　　D．企业文化

3. 内部控制与内部环境的关系是（　　）。

    A．内部环境是内部控制的基础　　　B．内部环境与内部控制相互联系又相互依存

    C．内部环境与内部控制相互制衡　　D．内部控制与内部环境是互动关系

4. 组织架构的设计原则包括（　　）。

    A．符合法律法规要求　　　　　　　B．符合发展战略要求

    C．符合管理控制要求　　　　　　　D．符合内外环境要求

5. 具体而言，上市公司治理结构设计应重点关注的方面包括（　　）。

    A．独立董事制度的设立　　　　　　B．董事会专业委员会的设置

    C．设立董事会秘书　　　　　　　　D．监事会的设置

6. 企业要制定本企业的发展战略，它要做的工作有（　　）。

    A．建立和健全发展战略制定机构　　B．分析评价影响发展战略的因素

    C．科学制定发展战略　　　　　　　D．保证发展战略的实施

7. 人力资源管理中的主要风险工作包括（　　）。

    A．人力资源缺乏或过剩、结构不合理、开发机制不健全，可能导致企业发展战略难以实现

    B．人力资源使用不恰当导致物不能尽其用，人不能尽其责

    C．人力资源退出机制不当可能导致法律诉讼或企业声誉受损

    D．人力资源激励约束制度不合理、关键岗位人员管理不完善，可能导致人才流失、经营效率低下或关键技术、商业秘密和国家机密泄露

8. 企业在发展过程中履行社会责任的意义是（　　）。

    A．履行社会责任是政府的强制要求

    B．企业是在价值创造过程中履行社会责任

    C．履行社会责任可以提高企业经济效益

    D．履行社会责任可以实现企业可持续发展

9．企业文化建设过程中，应重点关注（　　）。

　　A．塑造企业核心价值观

　　B．充分体现以人为本的理念，强化企业文化建设中的领导责任

　　C．高度重视并购重组中的文化整合

　　D．推进企业文化

（三）名词解释题

1．内部环境

2．组织架构

3．企业发展战略

（四）简答题

1．简述董事会在内部控制中的地位和作用。

2．机构设置的基本原则是什么？

3．组织架构的主要风险是什么？

4．内部审计的关键控制点是什么？

5．企业文化建设的主要风险是什么？

（五）案例分析题

双汇集团"瘦肉精"事件风波

2011年3月15日，据央视曝光，尽管"双汇"宣称"十八道检验、十八个放心"，但按照双汇公司的规定，十八道检验并不包括"瘦肉精"检测，尿检等检测程序也形同虚设。此前，河南孟州等地添加"瘦肉精"养殖的有毒生猪顺利卖到双汇集团旗下公司。该公司市场部负责产品质量投诉及媒体宣传的工作人员则向记者回应说，原料在入厂前都会经过官方检验，央视所曝的"瘦肉精"事件，公司正在进行调查核实。

与此同时，农业部第一时间责成河南、江苏农牧部门严肃查办，严格整改，切实加强监管，并立即派出督察组赶赴河南督导查处工作。农业部还表示，将在彻查的基础上，责成有关地方和部门对相关责任人员进行严肃处理，并随后向社会公布结果。

受此影响，15日下午，"双汇"旗下上市公司——双汇发展公司跌停，并宣布停牌。17日晚间，双汇集团再次发表公开声明：要求涉事子公司召回在市场上流通的产品，并在政府有关部门的监管下进行处理。据了解，截至2011年3月17日，已经控制涉案人员14人，其中养猪场负责人7人、生猪经纪人6人、济源双汇采购员1人。对于双汇发展公司的投资者来说，不幸只是刚刚开始，复盘后的双汇发展公司更是连续两天跌停。

瞬时间，"双汇"被推到风口浪尖之上。作为国内规模最大的肉制品企业，"瘦肉精"事件令"双汇"声誉大受影响。继"三鹿"之后，又一国内重量级公司面临着空前的危机。

要求：请结合该案例，试分析内部控制对企业的重要性，并阐释内部控制的现实意义。

风险评估 | 第八章

一、学习目的与要求

通过本章的学习，读者能了解目标设定的定义及其方法，熟悉风险的定义和分类，理解风险识别的概念、内容、主要风险因素及方向识别的方法，理解风险评估的定义和方法，掌握风险的构成要素、风险应对的定义和策略。

二、内容概要

（一）风险评估的概念

风险就是在一定环境下和一定限期内客观存在的、影响企业目标实现的各种不确定性事件。我国《企业内部控制基本规范》借鉴《企业风险管理——整体框架》，认为风险评估是为识别、分析、管理与企业活动相关的市场风险、政策风险、法律风险、汇率风险、经营风险等各种风险而建立的机制。

（二）目标设定

目标设定是风险识别、风险分析和风险应对的前提。在管理当局识别和分析风险并采取行动管理风险之前，首先必须有目标，确定与目标相关的风险，目标设定是风险评估的前提。企业应当按照战略目标，设定相关的经营目标、财务报告目标、合规性目标与资产安全目标，并根据设定的目标合理确定企业整体风险承受能力和具体业务层次上的可接受的风险水平。

1. 内部控制目标的设定

（1）制订战略目标。

（2）确定业务层面目标。

业务层面目标包括经营目标、报告目标、资产目标和合规目标，它来自企业战略目标及战略规划，并制约或促进企业战略目标的实现。

2. 合理确定风险承受能力

为了合理地确定风险承受能力，在目标设定阶段，企业必须解决以下 3 个基本问题。

（1）风险偏好。

（2）风险容忍度。

（3）风险组合观。

（三）风险识别

1. 风险识别定义

风险识别是指对资产当前或未来所面临的和潜在的风险加以判断、归类以及对风险性质进行鉴定的过程。其目的是确认风险的来源、风险的种类及风险的可能影响，以利于风险的有效管理和合理控制。

2. 风险识别的内容

（1）感知风险事项。

（2）分析风险事项。

（四）风险识别的方法

风险识别是指对企业面临的各种风险进行确认的一个动态、连续的过程。其从风险产生的原因入手，通过各种识别方法发现客观存在的不确定性，即辨识风险，下面简要介绍几种常用的风险识别方法。

1. 风险清单法

风险清单是指由专业人员设计好风险标准的表格或者问卷，上面全面地罗列了一个企业可能面临的风险。表格多由风险管理方面的专家提供，包含人们已经识别出的最基本的各类风险。

2. 流程图分析法

流程图分析法是指首先按企业经营过程的内在逻辑制作出作业流程图，然后对其中的重要环节和薄弱之处进行调查和分析的方法。

3. 现场调查法

现场调查法相当于对风险进行一次全面的检查。其优点是可以获得一手的资料而不依赖他人的数据，同时在调查过程中可以与基层人员建立良好的关系。缺点是耗时过多，成本过大，在认真调查的过程中，可能会引起一些员工的反感。

4. 财务报表分析法

财务报表是反映企业一定时点的财务状况，一定期间经营成果和现金流量的文件，因此分析财务报表有利于认识经营风险可能的来源。财务报表分析法主要是通过分析企业的资产负债表、利润表、现金流量表和所有者权益变动表以及补充记录来识别企业潜在的风险。

5. 事件树分析法

事件树分析法又称故障树法，其实质是利用逻辑思维的规律和形式，从宏观的角度去分析事故形成的过程。它的理论基础是，任何一起事故的发生，必定是一系列事件按时间顺序相继出现的结果，前一事件的出现是随后事件发生的条件，在时间的发展过程中，每一事件有两种可能的状态，即成功和失败。

6. 可行性研究

可行性研究是在项目计划阶段即对风险进行定性识别的方法。

7. 其他方法

其他方法还包括经常检查关键文档、面谈等。

（五）风险分析方法

风险分析方法一般包括定量分析方法和定性分析方法。但当前最常用的分析方法是定量和定性的混合方法，对一些可以明确赋予数值的要素直接赋予数值，对难于赋值的要素使用定性方法，这样不仅可以清晰地分析企业资产的风险情况，也极大地简化了分析的过程，加快了风险分析的进度。

1. 定量分析法

定量分析法就是把风险的程度用直观的数据表示出来，其主要思路是对构成风险的各个要素和潜在损失的程度赋予数值或货币金额，这样风险分析的整个过程和结果就都可以被量化了。目前比较常用的定量分析方法有：MPY（年度可能最大损失）值估计法、情景分析法、VAR（风险价值）法、敏感性分析等。

2. 定性分析法

定性分析法与定量分析法的区别在于不需要对资产及各相关要素的分配确定数值，而是赋予一个相对值。例如，通过问卷、面谈及研讨会的形式进行数据收集和风险分析，涉及各业务部门的人员。这个过程带有一定的主观性，往往需要凭借专业咨询人员的经验和直觉，或者业界的标准和惯例，因此，为风险各相关要素（资产价值、威胁、脆弱性等）的大小或高低程度定等级时，可以运用定性分析方法将风险分为高、中、低 3 个等级。通过这样的方法，对风险的各个分析要素赋值后，可以定性地区分这些风险的严重等级，避免了复杂的赋值过程，简单又易于操作。定性分析法的步骤一般如下：第一步，确定风险因素（或称威胁）发生的可能性；第二步，通过风险分析对风险定级。风险等级一般可以分为高、中、低 3 个等级，也可以分为 4 级或者 5 级；第三步，根据上面两张表编制风险矩阵表。

（六）风险应对

风险应对就是在风险评估的基础上，针对企业所存在的风险因素，根据风险评估的原则和标准，运用现代科学技术知识和风险管理方面的理论与方法，提出各种风险解决方案，经过分析论证与评价，从中选择最优方案并予以实施，以达到降低风险目的的过程。

1. 风险应对策略

（1）风险规避

风险规避是指企业对超出风险承受度的风险，通过放弃或者停止与该风险相关的业务活动以避免和减轻损失的策略。风险规避是各种风险管理技术中最简单、最消极的一种。

（2）风险降低

风险降低是企业在权衡成本效益后，准备采取适当的控制措施降低风险或者减轻损失，将风险控制在风险承受度之内的策略。风险降低的目的是要降低风险发生的概率，或者减少风险造成的损失，或者两者兼而有之。风险降低可以积极改善风险的特性，使其既能为企业所接受，而又使企业不丧失获利的机会。

（3）风险分担

风险分担是指企业准备借助他人的力量，采取业务分包、购买保险等方式和适当的控制措施，将风险控制在风险承受度之内的策略。风险分担是一种事前的风险管理措施，即在风险发生之前，通过各种交易活动，把可能发生的风险转移给其他人承担，避免承担全部风险损失。其主要措施包括业务分包、保险、出售、开脱责任合同以及合同中的转移责任条款。

风险分担的方式主要可以分为财务型非保险转移、控制型非保险转移和保险转移。

（4）风险承受

风险承受是指企业对风险承受度之内的风险，在权衡成本效益之后，不准备采取控制措施降低风险或者减轻损失的策略。

2. 风险应对策略选择

风险应对的 4 种策略是根据企业的风险偏好和风险承受度制定的，风险规避策略在采用其他任何风险应对措施都不能将风险降低到企业风险承受度以内的情况下适用；风险降低和风险分担策略则是通过相关措施，使企业的剩余风险与企业的风险承受度相一致；风险承受则意味着风险在企业可承受范围之内。企业应该结合具体情况及时调整风险应对策略。

三、同步练习

（一）单选题

1. 下列属于企业应识别的外部风险因素的是（　　　）。

　　A. 人力资源因素　　B. 自主创新因素　　C. 科学技术因素　　D. 安全环保因素

2. 下列属于企业应识别的内部风险因素的是（　　　）。

　　A. 经济因素　　　　B. 社会因素　　　　C. 自主创新因素　　D. 自然环境因素

3. 由一些专业人员设计好风险标准的表格或者问卷，上面全面地罗列了一个企业可能面临的风险是指（　　　）。

　　A. 流程图分析法　　B. 风险清单法　　　C. 现场调查法　　　D. 趋势分析法

4. 利用逻辑思维的规律和形式，从宏观的角度去分析事故形成的过程，这种方法称为（　　　）。

　　A. 因素分析法　　　B. 比率分析法　　　C. 趋势分析法　　　D. 事件树分析法

5. 企业对超出风险承受度的风险，通过放弃或者停止与该风险相关的业务活动以避免和减轻损失的策略，是（　　　）。

　　A. 风险规避　　　　B. 风险降低　　　　C. 风险分担　　　　D. 风险承受

6. 企业在权衡成本效益后，准备采取适当的控制措施降低风险或者减轻损失，将风险控制在风险承受度之内的策略，是（　　　）。

　　A. 风险规避　　　　B. 风险降低　　　　C. 风险分担　　　　D. 风险承受

7. 企业准备借助他人的力量，采取业务分包、购买保险等方式和适当的控制措施，将风险控制在风险承受度之内的策略，是（　　　）。

　　A. 风险规避　　　　B. 风险降低　　　　C. 风险分担　　　　D. 风险承受

8. 企业对风险承受度之内的风险，在权衡成本效益之后，不准备采取控制措施降低风险或者减轻损失的策略，是（　　　）。

　　A. 风险规避　　　　B. 风险降低　　　　C. 风险分担　　　　D. 风险承受

9. 企业拒绝与不守信用的厂商进行业务往来，属于（　　　）策略。

　　A. 风险规避　　　　B. 风险降低　　　　C. 风险分担　　　　D. 风险承受

10. 购买财产保险属于（　　　）策略。

　　A. 风险规避　　　　B. 风险降低　　　　C. 风险分担　　　　D. 风险承受

（二）多选题

1. 下列属于企业应识别的内部风险因素有（　　　）。

　　A. 人力资源因素　　B. 自主创新因素　　C. 管理因素　　　　D. 安全环保因素

2. 下列属于企业应识别的外部风险因素有（　　　）。

　　A. 经济因素　　　　B. 社会因素　　　　C. 科学技术因素　　D. 自然环境因素

3. 财务报表分析法包括（　　　）。

　　A. 因素分析法　　　B. 比率分析法　　　C. 趋势分析法　　　D. 事件树分析法

4. 在风险分析时，比较常用的定量分析方法有（　　）。

    A．MPY（年度可能最大损失）值估计法

    B．情景分析法

    C．VAR（风险价值）法

    D．敏感性分析

5. 企业风险应对策略包括（　　）。

    A．风险规避   B．风险降低   C．风险分担   D．风险承受

（三）名词解释题

1．风险识别

2．流程图分析法

3．事件树分析法

4．风险应对

（四）简答题

1．目标设定包含哪些内容？

2．风险识别的方法有哪些？

3．企业应如何选择风险分析的方法？

4．企业应如何选择风险应对策略？

（五）案例分析题

案例一

浙江赐富集团陷资金危局

浙江赐富集团有限公司（以下简称"浙江赐富集团"）的前身是绍兴县第一涤纶厂，创建于1986年，是一家集工、科、贸于一体的大型综合企业。浙江赐富集团以专业从事化纤原料，双向拉伸聚脂薄膜，医药方面的研究、开发、生产为主，辅以纺织面料、房地产开发、石油、运输等商务贸易。该集团下辖两厂、六公司、一个研发中心，占地面积2 500亩，有员工3 600余人，是国家重点高新技术企业。

2014年4月，浙江赐富集团陷入资金链危局，银行总负债超过45亿元，其中近3亿元出现逾期，原因是抵押物被查封、银行授信暂时不批等。资料显示，浙江赐富集团是行业知名企业，集团曾进入中国制造业企业500强，董事长赵张夫也曾入选2008年全球华商富豪500强。截至2012年12月，集团总资产为144.38亿元，总负债为145.50亿元，而到2014年4月，银行总负债45亿元。浙江赐富集团的困局主要是由于对外投资造成资金链断裂引起的，而不是债务问题。其主营业务主要涉及薄膜、医药、房地产开发、石油、运输等众多行业，并向江苏、广东、河南、四川等省份扩张，摊子铺得过大。另外，导致资金周转困难的原因还在于2008年浙江纵横集团倒闭，浙江赐富集团涉及4亿元的连带担保，并丧失了7亿元的担保授信。专业人士表示，纺织行业的危机，在2008年经济危机时已经显现，虽然纺织是一个较均衡的行业，不会出现像大型制造业一样马上死一片的现象，但由于目前我们还没有形成完整的产业链，深加工能力匮乏，因此也面临了很大的压力。其他受访企业则表示，纺织行业出现资金困局，也是由于企业非生产性资金需求大量占用资金，资产结构不平衡等因素造成的。纺织业的困局或许只是工业企业的一个缩影。受宏观经济形势、担保、

债务关系，以及自身发展瓶颈等因素的影响，浙江省内工业企业面临的困局仍将持续。

要求：请结合本案例，识别浙江赐福集团存在的企业风险有哪些，并分析浙江赐福集团深陷资金危局的原因。

案例二

中国核能企业投资英国核电站项目

2013 年 10 月 21 日，英国政府正式批准了中国核工业集团公司与中国广核集团参与投资新核电站的计划。该项目计划在英国南部萨默赛特郡欣克利角建造核电站，造价约 160 亿英镑，是英国近 20 年来的首个新建核电站项目。此次投资是以法国国有控股电力集团 EDF 能源公司为首，联合中国投资企业组成联合投资团对英国核电项目进行投资。依据协议，EDF 能源公司将持有 45%～50% 的股份，两家中资企业的股份合计将在 30%～40%。无论对于法方企业还是对于中方企业来讲，该项目都投资额巨大且建设时间长，这意味着企业将承担更高的风险。因此几家企业采取该种方式，必将产生"共赢"局面。

要求：请分析中国核能企业采取的是何种风险应对方式？

控制活动 | 第九章

一、学习目的与要求

通过本章的学习，读者能了解业务流程控制及控制活动的种类，熟悉控制活动的内容，掌握控制活动的基本原理，并能结合风险应对策略，综合运用控制程序，对各种业务和事项实施有效控制。

二、内容概要

（一）控制活动的基本原理与种类

1. 基本原理

控制活动的总体思路是通过实施流程控制，在流程中找关键风险点（控制点），采用相应的控制措施将风险控制在可承受度之内。企业资源融入流程后形成了企业控制架构。

2. 内部控制的种类

内部控制按控制内容可分为一般控制和应用控制，按控制地位可分为主导性控制和补偿性控制，按控制功能可分为预防性控制和发现性控制，按控制时序可分为原因控制、过程控制和结果控制。

（1）按控制内容分为一般控制和应用控制

一般控制是指对企业经营活动赖以进行的内部环境所实施的总体控制，也称基础控制或环境控制。它包括组织控制、人员控制、业务记录以及内部审计等内容。这类控制的特征是并不直接地作用于企业的生产经营活动，而是通过应用控制对全部业务活动产生影响。

应用控制是指直接作用于企业生产经营业务活动的具体控制，也称业务控制，如业务处理程序中的批准与授权、审核与复核以及为保证资产安全而采用的限制接近等控制。这类控制的特征，在于它们构成了生产经营业务处理程序的一部分，并能够防止和纠正一种或几种错弊。

（2）按控制地位分为主导性控制和补偿性控制

主导性控制是指为实现某项控制目标而首先实施的控制。例如，凭证连续编号可以保证所有业务活动都得到记录和反映，因此，凭证连续编号对于保证业务记录的完整性就是主导性控制。

补偿性控制就是针对某些环节的不足或缺陷而采取的控制措施，能够全部或部分弥补主导性控制的缺陷，主要是为了把风险暴露限制在一定的范围内。如果凭证没有连续编号，有些业务活动就可能得不到记录。这时，实施凭证、账证、账账之间的严格核对，就可以基本上保证业务记录的完整性，避免遗漏重大的业务事项。因此，"核对"相对于凭证"连续编号"来说，就是保证业务记录完整性的一项补偿性控制。

（3）按控制功能分为预防性控制和发现性控制

预防性控制是指为防止错误和非法行为的发生，或尽量减少其发生机会所进行的一种控制。它主要解决"如何能够在一开始就防止错弊的发生"这个问题。

发现性控制是指为及时查明已发生的错误和非法行为或增强发现错弊机会的能力所进行的各项控制。它主要是解决"如果错弊仍然发生，如何查明"的问题。

（4）按控制时序分为原因控制、过程控制和结果控制

原因控制也称事先控制，是指企业单位为防止人力、物力、财力等资源在质和量上发生偏差，而在行为发生之前所实施的内部控制，如领取现金支票前的核准、报销费用前的审批等。

过程控制也称事中控制，是指企业在生产经营活动过程中针对正在发生的行为所进行的控制。例如，对生产过程中使用材料的核算，对正在制造产品的监督和对加工工艺的记录等。

结果控制也称事后控制，是指企业单位针对生产经营活动的最终结果而采取的各项控制措施，如对产出产品的质量进行检验，对产品数量加以验收和记录等。

（二）控制活动

控制活动的内容即控制程序，一般包括不相容职务分离控制、授权审批控制、会计系统控制、财产保护控制、预算控制、运营分析控制、绩效考评控制和合同控制等。

1. 不相容职务分离控制

不相容职务是指那些不能由一个人兼任，否则既可弄虚作假，又能掩盖其舞弊行为的职务。不相容职务分离就是这些职务由 2 人或 2 人以上担任，从而达到相互制约、相互监督的目的，即所谓"四只眼"原则或双人控制原则。

2. 授权审批控制

授权审批控制要求企业根据常规授权和特别授权的规定，明确各岗位办理业务和事项的权限范围、审批程序和相应责任。企业对于重大的业务和事项，应当实行集体决策审批或者联签制度，任何个人不得单独进行决策或者擅自改变集体决策。

3. 会计系统控制

会计系统控制就是与保护财产安全的企业会计责任及会计记录可靠性有关的组织、计划、程序、方法，是企业所有业务活动价值结果的终点。其基本思路就是通过对会计主体所发生的各项能用货币计量的经济业务进行记录、归集、分类、编报等活动进行的控制。

4. 财产保护控制

财产保护控制要求企业建立财产日常管理制度，采取财产记录、实物保管、定期盘点、账实核对等措施，确保财产安全；企业应当严格限制未经授权的人员接触和处置财产。

5. 预算控制

预算控制是利用预算对企业内部各部门、各单位的各种财务及非财务资源进行分配、考核、控制，以便有效地组织和协调企业的生产经营活动，完成既定的经营目标。企业应当重视预算控制工作，将预算作为制定、落实内部经济责任制的依据。

6. 运营分析控制

运营分析控制要求企业建立运营情况分析制度，经理层应当综合运用生产、购销、投资、财务等方面的信息，通过因素分析、对比分析、趋势分析等方法，定期开展运营情况分析，发现存在的问题，及时查明原因并加以改进。

7. 绩效考评控制

绩效考评控制要求企业建立和实施绩效考评制度，科学设置考评指标体系，对企业内部各责任

单位和全体员工的业绩进行定期考评和客观评价，将考评结果作为确定员工薪酬以及职务晋升、评优、降级、调岗、辞退等的依据。

8. 合同控制

合同控制要求企业的管理人员运用科学的管理方法去实现预期的合同管理目标。在合同的管理过程中，涉及合同的签署、履行、变更、解除等活动，这些活动既相互独立，各自有着不同的内容，相互之间又存在密切的联系。在合同控制的过程中，企业应该提高风险防范意识，以科学的态度和方法开展风险管理活动，降低风险的损害程度，从而保障企业健康发展。

（三）控制活动类业务流程

为了有效保证公司各项经营活动高效地运作，保证会计信息的可靠、完整，保证资产安全，有效地降低公司经营风险，《企业内部控制应用指引》从业务层面将企业的活动分为资金活动、采购业务、资产管理、销售业务、研究与开发、工程项目、担保业务、业务外包、财务报告9个方面，并逐一做了说明。

（四）控制手段类业务流程

1. 全面预算

全面预算是企业对一定期间的经营活动、投资活动、财务活动等做出的预算安排。全面预算作为一种全方位、全过程、全员参与编制与实施的预算管理模式，通过将企业的资金流与实物流、信息流相整合，优化了企业的资源配置，提高了资金的使用效率。

2. 合同管理

合同管理往往是企业内部控制中最容易被忽视和最薄弱的环节之一。如果企业未订立合同、未经授权对外订立合同、合同对方主体资格未达要求、合同内容存在重大疏漏和欺诈，会导致企业合法权益受到侵害；合同未全面履行或监控不当，又可能导致企业诉讼失败，经济利益受损；合同纠纷处理不当，则会损害企业利益、信誉和形象。

3. 内部信息传递

内部信息传递是企业内部各管理层级之间通过内部报告形式传递生产经营管理信息的过程。《企业内部控制基本规范》十分重视信息与沟通这一控制要素，多次强调内部信息传递的重要性。为此，内部信息传递应用指引梳理出相关重要风险。如果企业内部报告系统缺失、功能不健全、内容不完整，可能会影响生产经营有序运行；内部信息传递不通畅、不及时，则可能导致企业决策失误、相关政策措施难以落实；内部信息传递中泄露商业秘密，则会削弱企业核心竞争力。

4. 信息系统

信息系统是信息内部传递和信息对外报告的技术手段，是企业利用计算机和通信技术，对内部控制进行集成、转化和提升所形成的信息化管理平台。通过信息系统强化内部控制，有利于减少人为因素，提高控制的效率和效果。

三、同步练习

（一）单选题

1. 对企业经营活动赖以进行的内部环境所实施的总体控制属于（　　　）。

　　A. 原因控制　　　　B. 过程控制　　　　C. 结果控制　　　　D. 一般控制

2. 直接作用于企业生产经营业务活动的具体控制属于（   ）。

　　A．一般控制　　　　B．应用控制　　　　C．主导性控制　　　　D．补偿性控制

3. 为实现某项控制目标而首先实施的控制属于（   ）。

　　A．一般控制　　　　B．应用控制　　　　C．主导性控制　　　　D．补偿性控制

4. 为及时查明已发生的错误和非法行为或增强发现错弊机会的能力所进行的各项控制属于（   ）。

　　A．预防性控制　　　　B．发现性控制　　　　C．主导性控制　　　　D．补偿性控制

5. 下列选项中，对需求部门提出的采购需求进行审核的是（   ）。

　　A．需求部门　　　　　　　　　　　B．财务部门

　　C．具有请购权的部门　　　　　　　D．总经理

6. 销售的控制点不包括（   ）。

　　A．加强市场调查　　B．完善销售记录　　C．加强坏账管理　　D．完善客户服务

7. 企业应当建立逾期应收账款催收制度，（   ）应当负责应收账款的催收。

　　A．销售部门　　　　B．会计部门　　　　C．仓库部门　　　　D．信用管理部门

8. 企业应当建立固定资产清查制度，至少（   ）全面清查一次，保证固定资产账实相符，及时掌握资产盈利能力和市场价值。

　　A．三年　　　　　　B．二年　　　　　　C．每年　　　　　　D．半年

9. 企业购入或者以支付土地出让金等方式取得的土地使用权，应当取得的文件证明是（   ）。

　　A．政府的批准　　　　　　　　　　B．已经缴纳土地使用税证明

　　C．发票　　　　　　　　　　　　　D．土地使用权有效证明文件

10. 企业在与其他单位合作进行研究的，应当对合作单位进行（   ）。

　　A．尽职调查　　　　B．可行性研究　　　C．人员交流　　　　D．资源分析

11. 工程项目经验收合格后应及时办理交付使用手续，在办理交付使用手续前应当编制（   ）。

　　A．竣工决算　　　　　　　　　　　B．竣工结算

　　C．交付使用财产清单　　　　　　　D．竣工决算审计报告

12. 担保企业应当建立（   ），详细记录担保对象、金额、期限、用于抵押和质押的物品、权利和其他有关事项。

　　A．担保事项明细账　　　　　　　　B．担保事项台账

　　C．担保事项登记簿　　　　　　　　D．担保事项总账

13. 重大业务外包方案应当提交审批，审批人是（   ）。

　　A．分管副总经理　　B．总经理　　　　C．董事长　　　　D．董事会或类似决策机构

14. 企业编制财务报告，应当重点关注会计政策和（   ）。

　　A．会计计量　　　　B．会计准则　　　　C．会计方法　　　　D．会计估计

15. 企业应当定期召开财务分析会议，全面分析企业的经营管理状况和存在的问题，不断提高经营管理水平。在财务分析和利用工作中发挥主导作用的是（   ）。

　　A．董事长　　　　　　　　　　　　B．总经理

　　C．财务部负责人　　　　　　　　　D．总会计师或分管会计工作的负责人

16.（　　　）或分管会计工作的负责人应当在财务分析和利用工作中发挥主导作用。

    A．董事长　　　　　B．总经理　　　　　C．总会计师　　　　D．财务主管

17.对预算管理工作机构在综合平衡基础上提交的预算方案，应当由（　　　）进行研究论证，在此基础上形成预算草案报董事会。

    A．战略委员会　　　B．总经理办公会　　C．股东会　　　　　D．企业预算管理委员会

18.下列不属于预算执行阶段的环节是（　　　）。

    A．预算下达　　　　　　　　　　　　　B．预算指标分解和责任落实

    C．预算分析　　　　　　　　　　　　　D．预算调整

（二）多选题

1.内部控制按控制时序分为（　　　）。

    A．原因控制　　　B．过程控制　　　　C．结果控制　　　　D．一般控制

2.内部控制按控制内容分为（　　　）。

    A．一般控制　　　B．应用控制　　　　C．主导性控制　　　D．补偿性控制

3.内部控制按控制地位分为（　　　）。

    A．一般控制　　　B．应用控制　　　　C．主导性控制　　　D．补偿性控制

4.内部控制的一般控制包括（　　　）。

    A．合法性控制　　B．正确性控制　　　C．完整性控制　　　D．一致性控制

5.内部控制按控制功能分为（　　　）。

    A．预防性控制　　B．发现性控制　　　C．主导性控制　　　D．补偿性控制

6.财产保护控制的主要内容包括（　　　）。

    A．限制接近控制　B．定期盘点控制　　C．记录保护控制　　D．财产保险控制

（三）名词解释题

1.补偿性控制

2.预防性控制

3.应用控制

4.不相容职务分离控制

5.授权审批控制

（四）简答题

1.如何控制"一支笔"现象？

2.内部控制按内容如何分类？

3.简述运营分析控制。

4.控制手段类业务流程有哪些？

（五）案例分析题

案例一

公司出纳员的内部控制要求

某公司出纳员的职责包括：

（1）按照规定程序和权限办理货币资金收付业务；

（2）保管支票和印章，并负责对支票和印章的使用情况进行登记；

（3）负责登记现金日记账和银行存款日记账；

（4）对库存现金日清月结，并定期编制银行存款余额调节表，使银行存款日记账与银行对账单调节相符；

（5）负责材料明细账登记。

要求：该公司出纳员的上述哪些职责中不符合内部控制要求？为什么？

案例二

D公司的内部控制制度

D公司销售与收款业务有如下几种情况。

（1）D公司应收账款中有5万元已收回，但被销售谭某隐瞒8个月。

（2）应收账款占全部资产的40%，账龄从1个月至5年不等。D公司财务部经理认为，公司应收账款100%能够收回，因此，不必编制账龄分析表，也不必计提坏账准备。

（3）D公司2001年度预收账款期初余额10万元，期末余额350万元。

要求：请根据上述资料，分析该企业应从哪些方面进行收款业务的控制和监督。

案例三

财务科工作职责的内控安排

某公司财务科有A、B、C三名会计人员，他们要完成如下几项工作。

（1）记录总账；

（2）记录应付款明细账；

（3）记录应收款明细账；

（4）开具支票，以便主管人员签章，并记载现金日记账；

（5）出具退货拒付通知书；

（6）调节银行对账单；

（7）处理并送存所收入的现金。

要求：现已知这三名会计人员均具有相当的能力，除了调节银行对账单、签发拒付通知书工作量较小外，其他几项会计工作量基本相等，试分析如何将上述几项工作分配给A、B、C三名会计人员，才能使会计工作起到较好的内部控制作用，并使这三个会计人员的工作量基本相等。

案例四

M工厂银行存款的内部控制制度

假定审计人员在对某工厂内部控制制度进行调查后所编的调查表如下。

调查对象：M工厂

调查内容：银行存款的内部控制

调查日期：2016.3.4

调查项目	调查结果
（1）银行存款的收付是否有专职出纳人员负责	有
（2）银行存款付款凭证是否经过审核	是
（3）签发支票的印章是否由出纳人员保管使用	是

续表

调查项目	调查结果
（4）银行存款调节表是否编制	不编制
（5）出纳人员是否负责日记账	是
（6）采购人员是否允许带出空白的转账支票	不允许
（7）采购人员是否允许带出空白的现金支票	不允许
（8）是否有利用本单位银行账户代其他单位收付款项	有
（9）银行借款是否由银行存款出纳人员兼管	否
（10）银行借款的申请与归还是否需经企业负责人批准	是

要求：根据上述资料，请分别指出所列示的调查情况，哪些符合内部控制的要求，哪些不符合内部控制的要求。

信息与沟通 | 第十章

一、学习目的与要求

通过本章的学习，读者能了解信息的类型与来源、沟通的方式、反舞弊工作的内容，熟悉举报人投诉及保护制度，掌握信息的搜集与传递方式以及对信息技术的利用、建立舞弊防范体系等。

二、内容概要

（一）信息与沟通概述

1. 信息的含义

信息是指来源于企业内部或外部，与企业经营相关的各种信息，包括获取的行业、经济、监控，以及内部生产经营管理、财务等方面的信息。

2. 信息的分类

按照信息的来源不同，分为内部信息和外部信息。

内部信息是指企业的各种业务报表和分析报告，有关生产方面、技术方面的资料以及经营管理部门制定的计划、经营决策等方面的情况。内部信息主要包括财务信息、生产经营信息、销售信息、技术创新信息、综合管理信息等。

外部信息是指从企业外部所获取的信息。外部信息主要包括国家法律法规，相关监管机构信息，经济形势信息，客户、供应商信息，科技进步和社会文化信息等。

3. 信息与沟通的概念

信息与沟通包括辨别取得适当的信息并加以有效沟通两部分内容。信息与沟通是指企业能够准确、及时并最大限度地获取和运用来自企业内外部与本企业生产经营活动有关的政策、法律、技术、市场等各方面的信息，并使信息在企业内部进行有效的传递，为企业管理者的各种决策提供强有力的支持。

4. 信息与沟通的作用

信息与沟通的作用主要表现在以下几个方面：

（1）信息与沟通是有效实施内部控制的重要载体；

（2）信息与沟通是整个内部控制系统的生命线；

（3）信息与沟通是实施内部控制的关键因素。

（二）信息与沟通的内容

1. 信息的收集与整理

根据《企业内部控制基本规范》第三十九条的规定，企业可以通过财务会计资料、经营管理资料、调研报告、专项信息、内部刊物、办公网络等渠道，获取内部信息。外部信息的搜集渠道主要有行业协会组织、社会中介机构、业务往来单位、市场调查、来信来访、网络媒体以及有关监管部门等。

（1）信息收集的原则

为了保证信息收集的质量，应坚持以下原则：准确性原则、全面性原则、时效性原则。

（2）信息收集的范围

① 内容范围。

② 时间范围。

③ 地域范围。

（3）信息收集的方法

① 调查法。

② 观察法。

③ 实验法。

④ 文献检索。

⑤ 网络信息收集。

（4）信息的整理

信息的整理就是对收集到的原始信息，通过筛选、核对以及整合，在数量上加以浓缩，在品质上加以提高，在形式上给予表现，使之便于传递、利用和贮存。信息整理是整个信息处理工作的核心。

2．信息的传递

《企业内部控制基本规范》第四十条指出，企业应当将内部控制相关信息在企业内部各管理级次、责任单位、业务环节之间，以及企业与外部投资者、债权人、客户、供应商、中介机构和监管部门等有关方面之间进行沟通和反馈。信息与沟通过程中发现的问题，应当及时报告并加以解决。重要信息应当及时传递给董事会、监事会和经理层。

内部信息传递，一方面要完善信息向下传递机制，另一方面要完善信息向上传递机制，此外，还需建立信息横向传递机制，特别是要使信息在管理层与企业董事会及其委员会之间进行沟通。

3．信息系统与内部控制

《企业内部控制基本规范》第四十一条指出，企业应当利用信息技术促进信息的集成与共享，充分发挥信息技术在信息与沟通中的作用。企业应当加强对信息系统的开发与维护、访问与变更、数据输入与输出、文件储存与保管、网络安全等方面的控制，保证信息系统安全稳定运行。

4．沟通控制

（1）内部沟通

企业应当采取互联网络、电子邮件、电话传真、信息快报、例行会议、专项报告、调查研究、员工手册、教育培训、内部刊物等多种方式，实现所需的内部信息和外部信息在企业内部准确、及时的传递和共享，从而确保董事会、管理层和员工之间有效沟通。

（2）外部沟通

企业有责任建立良好的外部沟通渠道，对外部有关方面的建议、投诉和收到的其他信息进行记录，并及时予以处理、反馈。有效的外部沟通既可以扩大企业的影响力，还可以使企业获得很多有效内部控制的重要信息。

（三）信息与沟通机制

1. 反舞弊机制

反舞弊机制是指为了防治舞弊，加强公司治理和内部控制，降低企业风险，规范经营行为，维护企业合法权益，确保经营目标的实现和企业持续、稳定、健康发展，保护股东合法权益，根据经营目标及法律、法规、证券交易市场和监管机构的规定和要求，结合企业的实际情况，制定的用以规范企业中高级管理人员及所有员工的职业行为的一种制度。

2. 反舞弊机制的重点

《企业内部控制基本规范》第四十二条规定，企业至少应当将下列情形作为反舞弊工作的重点：未经授权或者采取其他不法方式侵占、挪用企业资产，牟取不当利益；在财务会计报告和信息披露等方面存在的虚假记载、误导性陈述或者重大遗漏等；董事、监事、经理及其他高级管理人员滥用职权；相关机构或人员串通舞弊。

3. 舞弊的种类

舞弊按照主体的不同，即作弊者身份的不同，可以划分为两类，即管理舞弊与非管理舞弊。

管理舞弊是指管理层蓄谋的舞弊行为，是指企业最高管理当局进行的舞弊，这种舞弊隐蔽性大，难以发现，影响力也很大，舞弊者的层次越高，越难有效地进行预防与检查，危害也越大。其主要表现为财务报表舞弊。

非管理舞弊也称为员工舞弊，是指企业中的职员利用内部控制的各种漏洞，采用涂改或伪造单据账册及其他手段贪污、盗窃或挪用财产的不法行为，常常表现为将现金或其他资产窃为己有。

4. 建立防范舞弊的体系

为了强化企业反舞弊工作，防范舞弊行为的发生，企业应建立防舞弊机制，形成防范舞弊体系。

（1）营造良好的企业文化，缓解员工压力。

（2）评估舞弊风险并实施方案控制化解风险。

（3）完善企业治理结构。

（4）建立适当的舞弊监督程序。

（5）加强信息沟通，建立信访举报制度。

（6）加强舞弊结果处理。

5. 举报投诉制度

《企业内部控制基本规范》第四十三条规定：企业应当建立举报投诉制度和举报人保护制度，设置举报专线，明确举报投诉处理程序、办理时限和办结要求，确保举报、投诉成为企业有效掌握信息的重要途径。举报投诉制度和举报人保护制度应当及时传达至全体员工。

6. 投诉举报方式

投诉举报人可以采用书面、电子邮件、电话等形式进行投诉举报。投诉举报时应当说明事情的基本经过，被投诉举报对象的名称、地址，具体当事人、投诉举报人的姓名、联系方式，投诉举报人的具体投诉要求，并应同时提供投诉举报人利益或公司利益受到侵害的证据，以及与投诉举报事项相关的其他材料。

企业应提倡实名投诉举报。凡实名投诉举报的，审计、监察部门将严格保密并以适当的方式将处理结果反馈给投诉举报人。

7. 举报人保护制度

企业应建立专门的举报人保护制度，如举报人信息的保密制度、举报人面临人身威胁与财产损失时的救济制度、用于补助与鼓励举报人的基金制度等。

三、同步练习

（一）单选题

1. 下列属于企业内部信息的是（　　）。

 A. 科技进步　　　B. 社会文化信息　　C. 经济形势信息　　D. 技术创新信息

2. 下列属于企业外部信息的是（　　）。

 A. 财务信息　　　B. 生产经营信息　　C. 经济形势信息　　D. 技术创新信息

3. 下列不属于舞弊三角理论影响因素的是（　　）。

 A. 压力　　　　　B. 机会　　　　　C. 借口　　　　　D. 需要

4. 下列属于舞弊三角理论影响因子的是（　　）。

 A. 贪婪　　　　　B. 机会　　　　　C. 需要　　　　　D. 暴露

5. 内部报告指标体系的设计应当与（　　）相结合，并随着环境和业务的变化不断进行修订和完善。

 A. 全面预算管理　B. 发展战略　　　C. 经营管理　　　D. 财务管理

6. 为确保信息系统操作的可审计性，企业应当在信息系统中设置的功能是（　　）。

 A. 信息汇总功能　B. 信息共享功能　C. 信息分析功能　D. 操作日志功能

7. 系统开发验收测试的主体是（　　）。

 A. 独立开发单位的专业机构　　　　B. 开发商

 C. 合作单位　　　　　　　　　　　D. 合作开发商

（二）多选题

1. 下列属于企业内部信息的有（　　）。

 A. 财务信息　　　B. 生产经营信息　　C. 销售信息　　　D. 技术创新信息

2. 下列属于企业外部信息的有（　　）。

 A. 国家法律法规　　　　　　　　　B. 相关监管机构信息

 C. 经济形势信息　　　　　　　　　D. 客户、供应商信息

3. 下列属于企业外部信息的有（　　）。

 A. 科技进步　　　B. 社会文化信息　　C. 销售信息　　　D. 技术创新信息

4. 信息收集的方法可以包括（　　）。

 A. 调查法　　　　B. 观察法　　　　C. 实验方法　　　D. 文献检索

5. 企业可以采取（　　）方式，实现所需的内部信息和外部信息在企业内部准确、及时地传递和共享。

 A. 互联网络　　　B. 电子邮件　　　C. 电话传真　　　D. 信息快报

6. 企业可以采取（　　）方式，实现所需的内部信息和外部信息在企业内部准确、及时地传递和共享。

A．例行会议   B．专项报告   C．调查研究   D．员工手册

7．企业可以采取（   ）方式，实现所需的内部信息和外部信息在企业内部准确、及时地传递和共享。

A．教育培训   B．内部刊物   C．调查研究   D．员工手册

8．反舞弊机制的重点有（   ）。

A．未经授权或者采取其他不法方式侵占、挪用企业资产，牟取不当利益

B．在财务会计报告和信息披露等方面存在的虚假记载、误导性陈述或者重大遗漏等

C．董事、监事、经理及其他高级管理人员滥用职权

D．相关机构或人员串通舞弊

9．根据舞弊三角理论，企业舞弊产生的原因是由（   ）组成的。

A．压力   B．机会   C．借口   D．需要

10．舞弊 GONE 理论是由下列（   ）因子组成。

A．贪婪   B．机会   C．需要   D．暴露

11．企业反舞弊四层次机制理论的四道防线包括（   ）。

A．高层的管理理念   B．业务经营过程的内部控制

C．内部审计   D．外部独立审计

12．举报人保护制度的主要内容包括（   ）。

A．举报人信息的保密制度

B．举报人面临人身威胁与财产损失时的救济制度

C．用于补助与鼓励举报人的基金制度

D．举报信息公开制度

（三）名词解释题

1．内部信息

2．外部信息

3．管理舞弊

4．非管理舞弊

（四）简答题

1．企业内外部信息的获取渠道是什么？

2．信息与沟通的作用是什么？

3．反舞弊机制的重点是什么？

4．如何建立防范舞弊的体系？

（五）案例分析题

案例一

东北高速公司巨额资金失踪案

2005 年 1 月 4 日，东北高速公司在哈尔滨河松街支行对账时，河松街支行出具的该公司截至 2004 年 12 月 31 日计算机打印的银行对账单结果显示，公司 2 个账户应有的存款余额近 3 亿元，但目前只剩下 7 万多元，其余存款去向不明。

此外，东北高速公司的子公司——黑龙江东高投资开发有限公司存于该行的 530 万元资金也去向不明。与此同时，河松街支行行长高山也神秘"失踪"。东北高速公司随即向警方报案。警方经过调查发现，此案中包括东北高速公司在哈尔滨河松街支行的 2 个账户中共计存款余额 2.933 7 亿元在内的 10 亿元资金被悉数卷走。

事后查明，该行行长高山利用高息获得巨额存款，在休眠期串通世纪绿洲系企业的实际控制人李东哲通过地下钱庄将超过 10 亿元的资金汇往国外，并顺利出境。

要求：请根据上述材料，试分析东北高速公司在内部控制方面存在的缺陷。

案例二

三泰公司的内部控制制度

从 2010 年 4 月开始，三泰集团内部审计部联合管理咨询公司组成内部控制项目组（以下简称"项目组"），依据《企业内部控制基本规范》《企业内部控制应用指引第 18 号——信息系统》等有关规定，对三泰集团控股的三泰公司信息系统内部控制进行设计。

项目启动前，项目组了解到以下信息：三泰公司整体规划不健全，有规划的部分也存在不合理之处，这是企业形成信息孤岛的一个隐患，有可能会使企业因重复建设而导致资源浪费；三泰公司当前所使用的系统授权管理不当，不符合内部控制要求，可能导致无法利用信息技术实施有效控制；而且系统运行维护和安全措施不到位，信息泄露或毁损现象时有发生，导致系统无法正常运行。

项目组对识别出来的风险点认真分析和评估后，确定新的信息系统时在以下几个方面要尤为注意：一是职责分工、权限范围和审批程序明确规范，机构设置和人员配备科学合理，重大信息系统开发与使用事项审批程序；二是信息系统开发、变更和维护流程；三是访问安全制度，操作权限、信息使用、信息管理制度的有效性，硬件管理和审批程序的合理性。

要求：请根据材料，总结出三泰公司信息系统内部控制的风险点和关键控制点，并尝试提出一些相应的控制措施。

案例三

欧派橱柜的 IT 外包

随着信息技术的发展，越来越多的企业开始利用信息技术为生产经营服务，信息系统的建立与维护成为企业活动的一个重要组成部分，其重要性日益显著。但是，企业的资源是有限的，大部分企业特别是中小企业不具备独立开发与维护信息系统的能力，信息系统外包为企业提供了一种以有限能力和较低投入开发与使用信息系统的途径。外包是企业通过将部分业务出包给其他单位，实现整合利用其外部最优秀的专业资源，从而达到降低成本、提高效率、充分发挥自身核心竞争力和增强企业对环境迅速应变能力的一种管理模式。

欧派橱柜最先将欧洲"整体厨房"的概念引入中国，被誉为中国"厨房革命"的倡导者、整体橱柜的领潮人。它在北京有十余家分店及售后安装部门，办公设备数十台。这种情况如不采用 IT 外包，需数名技术人员奔走于各分部之间，而且可能会造成设备故障不能及时处理的问题，影响公司的正常业务。与神州在线签约 IT 外包后，各分部设备出现故障时，神州在线即可安排专业工程师，及时上门排除故障。

要求：请结合以上资料，分析信息技术外包的优缺点。

内部监督与评价 | 第十一章

一、学习目的与要求

通过本章的学习，读者能了解内部控制缺陷标准、内部控制监督的记录与报告、内部控制评价报告，熟悉内部监督、内部控制评价的定义，内部控制审计与财务报表审计的联系与区别，掌握内部监督的方式、内部控制评价的内容和标准。

二、内容概要

（一）内部监督内容

1. 内部监督的机构及职责

内部审计是由被审计单位内部的机构或人员，对其内部控制的有效性、财务信息的真实完整性以及经营活动的效率和效果等开展的一种评价活动，是和独立审计、政府审计并列的3种审计类型之一。它的目的是发现并预防错误和舞弊，提高企业的运作效率，为企业增加价值。它采取系统化、规范化的方法对企业的内部控制、风险管理进行检查和评价，并提供建议等咨询服务，来提高企业的效率，从而帮助企业实现其目标。

2. 内部监督的程序

我国《企业内部控制基本规范》第四十五条规定，企业应当制定内部控制缺陷认定标准，对监督过程中发现的内部控制缺陷，应当分析缺陷的性质和产生的原因，提出整改方案，采取适当的形式及时向董事会、监事会或者经理层报告。因此，内部监督能保证内部控制持续有效。

内部监督的程序一般包括以下几个环节：

（1）制定内部控制缺陷标准；

（2）评估控制结果；

（3）记录与报告。

3. 内部监督的方法

内部监督的方法有两种，分别是日常监督和专项监督。内部控制体系日常监督的有效性程度越高，对专项监督的需要程度就越低。管理层为了合理确认内部控制体系的有效性所必须进行的个别评估的频率取决于管理层的判断。通常情况下，日常监督和专项监督在某种程度上合并使用将会保证内部控制体系的有效性。

（1）日常监督

日常监督是指企业对建立和实施内部控制的整体情况所进行的连续的、全面的、系统的、动态的监督。日常监督是在及时的基础上执行的，能对环境的改变做出动态的反应，它存在于单位管理活动之中，能较快地辨别问题。日常监督的力度越大，其有效性就越高，则企业所需的日常监督就越少。

（2）专项监督

专项监督又称个别评估，是指企业对内部控制建立与实施的某一方面或者某些方面的情况进行的不定期、有针对性的监督检查。专项监督的范围和频率应根据风险评估结果以及日常监督的有效性等予以确定。一般来说，风险水平较高并且重要的控制，对其进行专项监督的频率应较高。

（二）内部控制评价的组织与实施

内部控制自我评价是由企业董事会和管理层实施的。进行评价的具体内容应围绕《企业内部控制基本规范》中提及的内部控制的5个要素，即内部环境、风险评估、控制活动、信息与沟通、内部监督，以及《企业内部控制基本规范》和《企业内部控制应用指引》中的相关规定。在确定具体内容后，企业应制定内部控制评价程序，对内部控制有效性进行全面评价（包括对财务报告内部控制有效性进行评价和对非财务报告内部控制有效性进行评价），同时为内部评价工作形成工作底稿，详细记录企业执行评价工作的内容（包括评价要素、关键风险点、采取的控制措施、有关证据资料以及认定结果等）。企业还应在评价工作中明确内部控制缺陷的认定准则。完成评价后，企业应当准备一份内部控制自我评价报告，在其年报中进行披露。企业董事会应当对内部控制评价报告的真实性负责。

1. 内部控制评价的相关概念

内部控制评价一般是指由专门的机构或人员，通过对企业内部控制系统的了解、测试和分析，对其完整性、合理性及有效性提出意见，并进行报告，以利于企业进一步健全和完善内部控制体系。

2. 内部控制评价应当遵循的原则

根据《企业内部控制评价指引》第三条的规定，内部控制评价应遵循以下3个原则。

（1）全面性原则

评价工作应当包括内部控制的设计与运行，涵盖企业及其所属单位的各种业务和事项。

（2）重要性原则

评价工作应当在全面评价的基础上，关注重要业务单位、重大业务事项和高风险领域。

（3）客观性原则

评价工作应当准确地揭示经营管理的风险状况，如实反映内部控制设计与运行的有效性。

3. 内部控制评价的内容

根据《企业内部控制评价指引》的要求，内部控制评价的内容涉及以下7个方面。

（1）企业应当根据《企业内部控制基本规范》、应用指引以及本企业的内部控制制度，围绕内部环境、风险评估、控制活动、信息与沟通、内部监督等要素，确定内部控制评价的具体内容，对内部控制设计与运行情况进行全面评价。

（2）企业组织开展内部环境评价，应当以组织架构、发展战略、人力资源、企业文化、社会责任等应用指引为依据，结合本企业的内部控制制度，对内部环境的设计及实际运行情况进行认定和评价。

（3）企业组织开展风险评估机制评价，应当以《企业内部控制基本规范》有关风险评估的要求，以及各项应用指引中所列主要风险为依据，结合本企业的内部控制制度，对日常经营管理过程中的风险识别、风险分析、应对策略等进行认定和评价。

（4）企业组织开展控制活动评价，应当以《企业内部控制基本规范》和各项应用指引中的控制措施为依据，结合本企业的内部控制制度，对相关控制措施的设计和运行情况进行认定和评价。

（5）企业组织开展信息与沟通评价，应当以内部信息传递、财务报告、信息系统等相关应用指引为依据，结合本企业的内部控制制度，对信息收集、处理和传递的及时性、反舞弊机制的健全性、财务报告的真实性、信息系统的安全性，以及利用信息系统实施内部控制的有效性等进行认定和评价。

（6）企业组织开展内部监督评价，应当以《企业内部控制基本规范》有关内部监督的要求，以及各项应用指引中有关日常管控的规定为依据，结合本企业的内部控制制度，对内部监督机制的有效性进行认定和评价，重点关注监事会、审计委员会、内部审计机构等是否在内部控制设计和运行中有效发挥监督作用。

（7）内部控制评价工作应当形成工作底稿，详细记录企业执行评价工作的内容，包括评价要素、主要风险点、采取的控制措施、有关证据资料以及认定结果等。评价工作底稿应当设计合理、证据充分、简便易行、便于操作。

4. 内部控制评价的程序

根据《企业内部控制评价指引》第十二条的要求，企业应按照内部控制评价办法规定的程序，有序开展内部控制评价工作。内部控制评价程序一般包括制定评价控制方案、组成评价工作组、实施评价工作与测试、认定控制缺陷、汇总评价结果及编报评价报告等环节。

三、同步练习

（一）单选题

1. 一个或多个一般缺陷的组合，可能严重影响内部整体控制的有效性，并严重偏离整体控制目标的情形属于（　　）。

  A. 重大缺陷 B. 重要缺陷 C. 一般缺陷 D. 设计缺陷

2. 对于为实现单个或整体控制目标而设计与运行的控制不存在重大缺陷的情形，企业应当认定针对这些整体控制目标的内部控制是（　　）。

  A. 有效的 B. 无效的 C. 无差错的 D. 有差错

3. 企业对内部控制建立与实施的某一方面或者某些方面的情况进行的不定期、有针对性的监督检查是指（　　）。

  A. 持续性监督 B. 个别评估 C. 定期监督 D. 不定期监督

4. 下列机构中，应当对内部控制评价报告的真实性负责的是（　　）。

  A. 股东会 B. 董事会 C. 监事会 D. 总经理办公会

5. 企业内部控制评价中的重大缺陷应当由（　　）予以最终认定。

  A. 股东（大）会 B. 董事会 C. 监事会 D. 经理层

6. 注册会计师应当对（　　）的有效性发表审计意见。

  A. 全面内部控制   B. 公司层面内部控制

  C. 业务层面内部控制   D. 财务报告

（二）多选题

1. 企业根据内部控制缺陷影响整体控制目标实现的严重程度，将内部控制缺陷分为（　　）。

  A. 重大缺陷 B. 重要缺陷 C. 一般缺陷 D. 设计缺陷

2. 内部监督的方法包括（　　）。

　　A. 持续性监督　　　　B. 个别评估　　　　C. 定期监督　　　　D. 不定期监督

3. 内部控制评价应遵循的原则包括（　　）。

　　A. 全面性原则　　　　B. 重要性原则　　　　C. 制衡性原则　　　　D. 客观性原则

4. 内部控制评价应当遵循重要性原则，应当重点关注的内容有（　　）。

　　A. 重要业务单位　　　B. 重要业务人员　　　C. 重大业务事项　　　D. 高风险领域

5. 内部控制评价现场测试的方法有（　　）。

　　A. 抽样　　　　　　　B. 实地查验　　　　　C. 调查问卷　　　　　D. 个别访谈

6. 内部控制的审计方式有（　　）。

　　A. 内部审计　　　　　B. 独立审计　　　　　C. 整合审计　　　　　D. 外部审计

7. 注册会计师测试企业层面控制，应当把握重要性原则，至少关注的内容有（　　）。

　　A. 与控制环境（内部环境）相关的控制

　　B. 针对董事会、经理层凌驾于控制之上的风险而设计的控制

　　C. 对内部信息传递和财务报告流程的控制

　　D. 对控制有效性的内部监督和自我评价

（三）名词解释题

1. 内部监督

2. 内控缺陷

3. 运行缺陷

4. 日常监督

（四）简答题

1. 何为内部监督？内部监督的方式有哪些？

2. 内部控制评价的内容包含哪些方面？

3. 内部控制评价应遵循的原则是什么？

4. 内部控制评价的程序是什么？

（五）案例分析题

案例一

担保业务失控的恶果

国有大型企业集团公司为加强内部控制制度建设，聘请某会计师事务所在年报审计时对公司所属全资子公司内部控制制度的健全性和有效性进行检查与评价。检查中发现该子公司对外担保管理松散。2014 年 3 月，该子公司为乙公司提供 100 万元贷款担保，公司风险管理部李某根据总经理指示办理此事。由于李某对担保业务不熟悉，该子公司也没有相应的管理制度，因此，李某仅凭感觉认为乙公司董事长是本公司总经理的亲属，不会出问题，于是办理了担保手续。此后，乙公司破产，该子公司承担连带责任。

要求：请从内部控制角度，分析、判断并指出该子公司内部控制中存在哪些缺陷？

案例二

吉林省煤业集团的监事会制度

吉林省是煤炭短缺省份，加上生产企业规模小、布局分散，供需矛盾很大，于是，吉林组建煤

业集团，意在通过推进煤炭体制转换和机制创新，做大、做强企业规模，扩大煤炭供给总量，为吉林经济社会发展提高能源保障能力。吉林省煤业集团自 2009 年年初组建以来，公司监事会（5 名监事，其中由省国资委委派 3 名，职工监事 2 名）严格按法定职能的界定，按照"成体系、建制度、定方向、带队伍、干实事、尽职责"的工作思路，坚持"以服务为主、以监督为辅"的工作方针，做到了"依法定位不越位、准确站位不出位、确保进位不落位"。

2010 年，吉林省煤业集团保持良好发展态势，煤炭产量实现 2 808 万吨，同比提高 7.75%。煤炭销量 2 401.98 万吨，同比提高 8.28%。营业收入完成 90.9 亿元，同比增加 34.77%。职工人均年工资达到 39 699 元，同比增长 16.73%。实现利税 15 亿元，同比提高 43.27%。

吉林省煤业集团董事长袁玉清表示，面对"十二五"期间的良好机遇和严峻挑战，吉林省煤业集团将进一步加快转型发展，努力实现"123568"战略目标：占有资源 100 亿吨；新建域外 2 个千万吨煤炭生产基地；利用 3 年时间理清煤炭生产、装备制造、特色农牧 3 大板块发展思路，争取 3 家企业上市；产值 500 亿元（煤炭产值 400 亿元，非煤产值 100 亿元）；职工年人均收入达 6 万元；年产量 8 000 万吨（省内产量 3 000 万吨，2013 年通辽产量 2 000 万吨，2015 年锡林郭勒盟产量 3 000 万吨）。

要求：请搜集相关材料，分析吉林省煤业集团监事会在发挥内部监督作用方面有哪些成功的经验？

第二篇　课程模拟试卷

模拟试卷一

<table>
<tr><td>本题
得分</td><td></td></tr>
</table>

一、名词解释题（共 4 小题，每题 4 分，共计 16 分）

答题要求：概念明确，措辞严谨，简洁明了。

1. 内部控制
2. 利益相关者
3. 控制活动
4. 分离式牵制

<table>
<tr><td>本题
得分</td><td></td></tr>
</table>

二、简答题（共 3 小题，每题 5 分，共计 15 分）

答题要求：紧扣要点，简要回答。

1. 公司治理的影响因子。
2. 所有权与控制权分离会导致哪两类公司治理问题，并列举其具体表现形式。
3. 内部审计师在内部控制中的任务与责任。

<table>
<tr><td>本题
得分</td><td></td></tr>
</table>

三、辨析题（共 3 小题，每题 6 分，共计 18 分）

答题要求：分辨题中说法是否正确，并简要说明理由。

1. 控制环境处于内部控制的五大要素之首。
2. 内部控制可以保证财务报表的可靠性和法律法规的遵循性。
3. 内部控制与公司治理水火不相容。

<table>
<tr><td>本题
得分</td><td></td></tr>
</table>

四、案例分析题（共 2 小题，每题 15 分，共计 30 分）

答题要求：根据给定的案例信息，按照要求分析。

1. 某企业会计、出纳分设，出纳员兼任总经理秘书，所有发生管理费用的事项均由出纳员办理，并由总经理签字报销。出纳员为了减少跑银行的麻烦，取得现金收入后通常直接保存在保险柜，以备需要使用现金时提取，只有时间充裕的时候才将现金送存银行。有时候出纳员考虑现金放在保险柜里闲着也是闲着，也出借给亲友应急，月末与会计对账时收回。另外，考虑到该出纳已经任职 5 年，从来没有发生过问题，领导委以重任，将空白支票、银行预留印鉴均交由出纳保管。

要求：请指出该企业货币资金管理中存在什么问题，应该如何修正？

2．某增塑剂厂 2010 年 3 月发生价值 24 万元货款被骗事故，经调查发现事故过程如下：一陌生客户找到销售部，要求采购 30 吨产品，合计 24 万元。销售部当即开出销售发票通知单，由客户持有前往财务部交款；同时开出销售通知单，通知仓库准备发货。客户拿到单据后不是去财务部交款，而是直接加盖了预先伪造的财务章（没有经办人员盖章），然后骗取了销售部的销售章，立即提货并离开。约一个月后，财务部门将"存货"总账与保管部门的明细账进行核对时发现差异，进一步核对发现该陌生客户并没有向财务部交款，且该客户所提供的企业名称、营业地址都是虚构的。因时间拖延过长，公安机关认为追回货款的可能性很小。

要求：请说明增塑剂厂内部控制方面存在什么问题，应该如何修正？

五、综合题（共 1 小题，每题 21 分，共计 21 分）

本题得分

答题要求：根据给定的信息及相关资料，按照要求全面分析答题。

甲国有企业集团公司控股的 A 股份有限公司（以下简称"A 公司"）在美国纽约证券交易所上市。A 公司在 2015 年的年报中披露，公司 2015 年营业收入 25 000 万元，税后利润 1 600 万元，主要经营的业务范围为石油贸易中的重油、原油、石化产品和石油衍生品，公司在航空用油的生产中有独特的技术特点，在国际市场中占有很大的份额，市场前景乐观。同时在衍生市场中经营期货交易和外币交易。2017 年，A 公司向美国证券交易所递交申请，由于 A 公司在衍生品交易中蒙受巨额亏损，不得不申请停牌，这一事件引起市场哗然。

甲国有企业集团公司组成专门的审查小组，对 A 公司的情况进行了全面的调查，对于 A 公司发生巨额损失的原因，分析主要来源以下 3 个方面。

（1）董事会。A 公司董事长由集团公司张副总经理兼任，但是其主要的精力集中在集团公司的经营业务上，对于 A 公司的经营难以顾及，并授权将 A 公司内部控制和经营管理全部交给 A 公司的管理层负责。由于传统思想重，比较信任自己的亲属，所以张副总经理安排自己的妹夫李某担任 A 公司的首席执行官。

（2）经理层。A 公司的首席执行官长期由李某担任，由于董事长的信任和缺少管理，李某在决策和管理上拥有不容置疑的绝对权力。对于集团连续三次派任的财务部经理，李某均可以随时调任他职，并坚持任用自己认为可靠的人员担任财务部经理。同时，李某私自授权证券部门全权负责期货交易的全程业务，要求其利用场外的期权交易来填补期权交易的亏损，既没有向董事会报告，也没有采用任何形式予以披露。

（3）内部审计部门。内部审计机构的负责人由 A 公司首席执行官李某兼任。受到李某的制约，内部审计部门没有定期向董事会下属的审计委员会报告工作，即使偶然的报告工作，也仅仅是简单的内容的重复，而且报喜不报忧。

审查小组根据发现的 A 公司存在的问题，向甲集团公司提交了审查报告，针对 A 公司存在的内部控制方面的问题，甲集团公司召开了集团公司领导、各部门负责人和各子公司负责人参加的专门会议进行研究，在讨论过程中，有关人员发言要点如下。

甲集团公司董事长何某：A 公司内部控制薄弱给企业和国家财产均造成了重大的损失，教训极其深刻，也非常值得反思。集团公司和各子公司今后要将内部控制作为重点工作来抓，将保护资产安全作为唯一的目标来抓。

甲集团公司总会计师孙某：A 公司发现的主要问题是内部审计部门管理薄弱，对于这点，要求今后各子公司和集团公司的内部审计部门负责人不能够由总经理或首席执行官兼任，必须由财务负责人统一负责，统一管理；加强向董事会审计委员会报告的制度，不能每次的报告内容相同，必须要有不同之处。

甲集团下属 B 公司总经理：A 公司的这次事件，使我们接受教训，设置风险管理部门非常重要，但是更加重要的是风险管理部门职责的落实，同时也要加大对风险管理部门权力的下放，让其有尚方宝剑可以直接进行管理。今后会要求其定期与各个主要职能部门的高级管理人员进行会谈，风险管理部门可以定期核查他们是如何管理风险的，并对应做出有效的措施。

要求：（1）请根据内部控制的规定，分析公司董事会、经理层、内部审计部门在公司内部控制中承担的职责，并结合 A 公司的具体情况做出简要的分析。

（2）请从内部控制角度分析、判断甲集团公司各位领导在会议发言中的观点存在哪些不当之处？并简要说明理由。

模拟试卷二

一、名词解释题（共 4 小题，每题 4 分，共计 16 分）

答题要求：概念明确，措辞严谨，简洁明了。

1. 内部牵制
2. 内部控制的适应性原则
3. 公司治理的合约性
4. 内部审计

二、简答题（共 3 小题，每题 5 分，共计 15 分）

答题要求：紧扣要点，简要回答。

1. 如何才能让独立董事既"独立"又"懂事"？
2. 简述典型的公司治理模式（列举 4 种）。
3. 简述集中分布型股权结构的表现及特征。

三、辨析题（共 3 小题，每题 6 分，共计 18 分）

答题要求：分辨题中说法是否正确，并简要说明理由。

1. 内部控制的任务与责任主要由内审部门承担。
2. 内部控制导致大量规章要遵守，一堆表格要填，许多公章要盖，既滋生官僚作风，又缺乏效率和人性。
3. 只需强化内部控制环境，就可以保证全面的内部控制系统的有效性。

四、案例分析题（共 2 小题，每题 15 分，共计 30 分）

答题要求：根据给定的案例信息，按照要求分析。

1. 某机械厂供应部设立两个小组：第一组负责决定请购、审批、询价，并确定供应商；第二组负责采购、验收。财务部负责付款并进行会计处理。企业发生如下情况：由于长期的业务关系，第一组收到关系户（此时出现产品库存超标，因此要求机械厂采购）的采购邀请，考虑到平时关系不错，因此第一组决定采购 100 吨钢材。第二组采购员发现第一组人员可能获得个人私利，因此心里不平衡，在采购途中将购入的 20 吨钢材私自低价转卖 2 吨。获利 3 000 元，并以其他地方钢材便宜为由从其他供应商处购入 30 吨，采购过程中有一供销商宣称，可以向机械厂提供特殊材料合金，50

吨钢材的价钱可以购入该合金 40 吨，而 40 吨合金可以充当 80 吨钢材使用。采购员信以为真，就用准备购买 50 吨钢材的款项购入 40 吨合金，然后办理正常验收入库手续。后来在使用中发现，该批合金只能相当于 45 吨钢材的用途。

要求：请说明机械厂在采购控制中存在的问题，应如何改进？

2. 甲企业会计和出纳分设，由于会计工作量大，财务经理安排由出纳员负责登记三大期间费用账户，并且根据规定，收款的同时应为销售部门开具销售票。办理付款手续时，直接根据采购人员提供的发票办理支付手续。在财务部负责人的授意下，开立多个结算账户，资金紧张的时候就从没有金额的账户给客户开支票，暂时对付对付。期末结账以后，检查人员经常发现现金短款，原因是大量发票单据没有经过有权批准人员的批准，因此没有进行账务处理。

要求：请说明甲企业在货币资金管理中存在的问题，应如何改进？

本题 得分	

五、综合题（共 1 小题，每题 21 分，共计 21 分）

答题要求：根据给定的信息及相关资料，按照要求全面分析答题。

甲公司是海外上市公司，按照财政部、证监会、审计署、银监会和保监会五部委发布的《企业内部控制应用指引》《企业内部控制评价指引》和《企业内部控制审计指引》的要求，建立并实施本公司的内部控制制度。2010 年 8 月，ABC 会计师事务所在对甲公司 2010 年 6 月 30 日的内部控制设计与运行的有效性进行审计时发现如下情况。

（1）甲公司对内部控制十分重视，制定了内部控制的总体目标，要求通过实施内部控制，合理保证企业经营管理合法合规，不能出现有意违反法律法规谋求不正当利益的现象；合理保证财务报告及相关信息真实完整，不能有意提供虚假信息，误导投资者和其他会计信息使用者；努力提高经营效率和效果，以最小的投入达到最大的产出效果，实现经济效益和社会效益的同步增长；最终保证实现企业发展战略。

（2）一个好的内部控制，应当考虑 5 个基本要素在内部控制中起基础性的作用，包括：建立规范的公司治理结构和议事规则，明确董事会、监事会和经理层在决策、执行、监督等方面的职责权限；调整机构设置和权责分配，明确职责权限，将权力与责任落实到各责任单位；完善内部审计机制，由财务负责人领导内部审计部门；完善人力资源政策，切实加强员工培训和继续教育，对于大专学历的员工实施全方位的技能培训，对于研究生以上学历的员工无需培训；加强企业文化建设，倡导诚实守信、爱岗敬业。

（3）出纳员 X（女）的朋友 Y 考虑到现在股市异常火爆，但苦于没有资金，失去了很多赚钱的机会，希望 X 能帮忙从公司账上划出 50 万元给自己用于投资股市，所得利润两人均分。X 表示同意，随后找到担任财务经理的哥哥 Z，请求在财务经理的权限内批准 50 万元，并保证使用 3 个月后一定归还。Z 碍于情面答应帮忙，但交代一定要保密，不能让其他人知道，否则将会受到严厉处罚。X 说："肯定不会有事，银行存款余额调节表我自己编、自己核查，我收支都不记账，资金余额就平了。"随后，X 利用这笔资金果然取得了 40 万元的投资收益，并如约将 50 万元归还了公司。

（4）甲公司近年来营业收入增长较快，主要原因之一是在销售上采取了比较宽松的信用政策和强有力的绩效激励政策。为了抢占市场，提高市场占有率，公司规定，业务员可以以发货为依据，按销售额的一定比例拿提成，销售额越多，提成比率越高。但是，随着营业收入的增加，应收账款也大幅度增加，账龄越来越长，坏账比例居高不下。

（5）甲公司随着业务的增长，原有生产基地已不能满足经营的需要，决定扩建生产基地。此事关系重大，由总经理 D 亲自负责该工程项目，从工程招标、工程款的支付到竣工决算，实行全程一支笔审批。工程完工投产后，该生产基地经常因施工质量问题造成停工。随后，D 被人举报收受巨额贿赂，被提起公诉。法庭上 D 非常后悔地表示，由于收受了贿赂，无法合理地选择承包方和进行严格的工程管理，处处受制于人；施工方也因为承接工程支付了巨额贿赂款，只能通过偷工减料来获取利润。

要求：请从内部控制理论和方法角度，简要分析甲公司在内部控制方面存在的缺陷，并说明理由。

模拟试卷三

一、名词解释题（共6小题，每题3分，共计18分）

答题要求：概念明确，措辞严谨，简洁明了。

1. 企业风险管理
2. 制衡性原则
3. 风险评估
4. 企业文化
5. 特别授权
6. 利益相关者

二、简答题（共3小题，每题5分，共计15分）

答题要求：紧扣要点，简要回答。

1. 简述内部审计机构对监督检查中发现的内部控制缺陷的报告路径。
2. 简述企业文化的主要风险。
3. 简述我国企业内部控制的基本要素有哪些。

三、辨析题（共3小题，每题5分，共计15分）

答题要求：分辨题中说法是否正确，并简要说明理由。

1. 只需强化内部控制环境，就可以保证全面的内部控制系统的有效性。
2. 经理层对内部控制有效性负全责。
3. 由审计部经理兼任审计委员会主席。

四、案例分析题（共2小题，每题15分，共计30分）

答题要求：根据给定的案例信息，按照要求分析。

1. 某公司最高权力机关是董事会，指定财务部为预算管理机构。2012年年初，董事会根据上年度的生产经营情况，结合对未来各种因素的合理估计，确定当年的年度预算方案，并将内容详细的预算下发给内部各单位执行。截至2012年10月，年度经营实际执行只完成了预计的一半。销售部门认为，下半年属于销售淡季，全年任务肯定不能完成，因此向预算管理机构（财务部）提出调整经营预算。财务部认为，既然实际销售情况和预算相去甚远，预算不能发挥应有的作用，那么就将预算中销售收入调整为原来的 2/3。2012 年年末，预算管理机构向董事会报告，全面完成全年经营预算。

要求：请分析该公司预算控制中存在什么问题，应该如何修正。

2．某公司属于国有控股公司，最高权力机构是股东大会，执行机构是董事会，另外还设有职工代表大会以及各职能部门、分公司等。其内部控制制度及业务活动情况如下：财务部经理的妻子担任出纳，并兼任满足行政部门需要的日常业务，亲自办理取款、购买、报销等手续；支票等票据由会计保管，支取款项的印章都由总经理亲自保管；材料采购等由供应部经理审批、专门采购员实施；各项费用由总经理签字都可报销。某日出纳在采购时，无意中发现当地主要媒体正在对另一公司的 A 产品所开展的促销活动进行宣传，并了解到 A 产品为高科技产品，可以替代本企业主要原料并能够节约成本 30%，促销时间仅仅两天。出纳认为时间过于紧张，来不及请示供应部经理，因此直接电话告知总经理，总经理决定采购。出纳当即采购并由仓库验收入库，经总经理签字，办理了货款支付手续。后来生产车间反映，该批材料不适应生产要求，只能折价处理，造成损失 30 万元。总经理指示调整成本预算，将 30 万元损失记入正常材料耗费。

要求：请指出本例中内部控制存在哪些问题。

本题 得分	

五、综合题（共 1 小题，每题 22 分，共计 22 分）

答题要求： 根据给定的信息及相关资料，按照要求全面分析答题。

泰山股份公司是焊材行业的一家上市公司，泰山股份公司从当初一家拉丝厂起步，到 20 世纪 90 年代初已是声名赫赫。公司鼎盛时期焊材年产销量达到了 8 万吨，经济效益曾连续几年居全国同行业第一。这样一家有名气、有效益的企业，在自身经营并没有出现特别严重的失误的情况下，却被逼上了破产之路，千万股东的投资要化为乌有，这是怎么一回事？在 2012 年以前，泰山股份公司年报第一大股东一栏中列的都是"××市国有资产管理局"，2013 年开始变为泰山集团。于是，泰山股份公司上面又搭起了泰山集团公司的架子，泰山集团和泰山股份公司的董事长、总经理、党委书记都由同一个人担任，用一套人马挂两块牌子，泰山集团直接对泰山股份公司派驻管理人员，一套人马周旋于泰山集团和泰山股份公司之间，在泰山股份公司资金投向等重大问题上，泰山集团根本不把其他董事的意见放在眼里，在一些项目上，连书面通知都不给外地的董事单位，相当多的股东单位没法知道泰山股份公司经营班子在做什么。泰山集团大搞兼并扩张，领导人甚至放出话来，要将该市的所有企业都兼并了。后来手脚更伸向了全国，甚至到了国外，最多的时候，泰山集团下面有几百家企业，横跨几十个行业。

不断的扩张与兼并，钱从哪儿来？泰山集团将手伸向了泰山股份公司。以下是一份清单：泰山股份公司对泰山集团的应收款至少有 8.9 亿元，担保至少 3 亿元。其中包括对泰山集团关联交易形成挂账 4.5 亿元，泰山股份公司代泰山集团付款及付给集团公司款项 1.2 亿元，还有泰山集团以泰山股份公司名义贷款 3.2 亿元。泰山集团可以随便冒用泰山股份公司的名义为自己贷款，并且一次就是 3 亿元。不仅如此，泰山集团在向银行贷款时，还以泰山股份公司的资产做抵押。而泰山股份公司的会计、审计监督则形同虚设，未起到任何作用。

要求：请结合筹资内部控制，对此案例进行分析。

模拟试卷四

本题得分	

一、名词解释题（共 6 小题，每题 3 分，共计 18 分）

答题要求：概念明确，措辞严谨，简洁明了。

1．内部控制（基本规范）
2．全面性原则
3．内部环境
4．发展战略
5．常规授权
6．公司治理

本题得分	

二、简答题（共 3 小题，每题 5 分，共计 15 分）

答题要求：紧扣要点，简要回答。

1．简述公司治理产生的动因。
2．企业如何制定发展战略？应考虑哪些因素？
3．什么是"白衣骑士"？

本题得分	

三、辨析题（共 3 小题，每题 5 分，共计 15 分）

答题要求，分辨题中说法是否正确，并简要说明理由。

1．内部控制是企业的一个长期目标。
2．企业内部控制建设将完全依赖于公司中层以上管理人员。
3．一般来说，出纳与会计必须由两人担任，可以降低风险。

本题得分	

四、案例分析题（共 2 小题，每题 15 分，共计 30 分）

答题要求：根据给定的案例信息，按照要求分析。

1．A 公司生产装潢建材，产品主要销售给各建筑工地，公司的原料有常备料及特殊配件，近年来，产销均衡，但公司库存有逐年增加的情况，经过调查了解发现，该公司在接到顾客订单后，直接交采购员王某办理采购。王某不仅超量购买，而且购买的原材料单价还偏高。但采购经理是王某的亲戚，因此，仍签字核准王某的采购。

要求：请分析 A 公司采购内部控制存在哪些缺陷？

2. 国有大型企业集团公司为加强内部控制制度建设,聘请某会计师事务所在年报审计时对公司所属全资子公司内部控制制度的健全性和有效性进行检查与评价。检查中发现该子公司工程项目管理混乱。2015 年 1 月,该子公司开工建设职工活动中心,2016 年 6 月完工。工程原定总投资 3 500 万元,决算金额为 3 950 万元。据查,该工程由该子公司工会提出申请,由工会有关人员进行可行性研究,经该子公司董事会审批同意并授权由工会主席张某具体负责工程项目的实施和对工程价款支付的审批。随后,张某私自决定将工程交由某个体施工队承建。在工程即将完工时,施工队负责人向张某提出,职工活动中心应有配套健身设施,建议增建保龄球馆。张某认为这一建议可取,指示工会有关人员提出工程项目变更申请,经其签字批准后,由工会有关人员办理了竣工验收手续,由财务部门将交付使用资产登记入账。职工活动中心交付使用后,包括保龄球道在内的多项工程设施存在严重质量问题。

要求:请从内部控制角度,分析、判断并指出该子公司内部控制中存在哪些薄弱环节?

本题 得分	

五、综合题(共 1 小题,每题 22 分,共计 22 分)

答题要求:根据给定的信息及相关资料,按照要求全面分析答题。

已知 B 公司销售与收款内部控制有关业务流程如下。

(1)销售部门收到顾客的订单后,由销售经理甲对品种、规格、数量、价格、付款条件、结算方式等详细审核后签章,交仓库办理发货手续。

(2)仓库在发运商品出库时,均必须由管理员乙根据经批准的订单,填制一式四联的销售单。在各联上签章后,第一联作为发运单,由工作人员配货并随货交顾客;第二联送会计部;第三联送应收账款管理员丙;第四联由乙按编号顺序连同订单一并归档保存,作为盘存的依据。

(3)会计部收到销货单后,根据销货单中所列资料,开具统一的销售发票,将顾客联寄送顾客,将销售联交应收账款管理员丙,作为记账和收款的凭证。

(4)应收账款管理员丙收到发票后,将发票与销货单核对,如无错误,据以登记应收账款明细账,并将发票和销货单按顾客顺序归档保存。

要求:请指出 B 公司在销售与收款内部控制中存在的缺陷。

模拟试卷五

本题 得分	

一、名词解释题（共 6 小题，每题 3 分，共计 18 分）

答题要求：概念明确，措辞严谨，简洁明了。

1. 公司治理
2. 董事会
3. 金色降落伞
4. 风险规避
5. 常规授权
6. 内部信息

本题 得分	

二、简答题（共 3 小题，每题 5 分，共计 15 分）

答题要求：紧扣要点，简要回答。

1. 简述业主制企业的主要特点。
2. 证券市场在控制权配置中的作用。
3. 简述公司治理与内部控制的联系。

本题 得分	

三、辨析题（共 3 小题，每题 5 分，共计 15 分）

答题要求：分辨题中说法是否正确，并简要说明理由。

1. 风险识别只需要对资产当前所面临的和潜在的风险加以判断、归类和对风险性质进行鉴定，不需要考虑到未来的因素。
2. 应用控制是指间接作用于企业生产经营业务活动的具体控制。
3. 外部信息主要包括：财务信息、生产经营信息、销售信息、技术创新信息、综合管理信息等。

本题 得分	

四、案例分析题（共 2 小题，每题 15 分，共计 30 分）

答题要求：根据给定的案例信息，按照要求分析。

1. 某公司出纳员的职责包括：

（1）按照规定程序和权限办理货币资金收付业务；

（2）保管支票和印章，并负责对支票和印章的使用情况进行登记；

（3）负责登记现金日记账和银行存款日记账；

（4）对库存现金日清月结，并定期编制银行存款余额调节表，使银行存款日记账与银行对账单调节相符；

（5）负责材料明细账登记。

要求：该公司出纳员的上述哪些职责不符合内部控制要求？为什么？

2．某机械厂材料采购内部控制制度的实施方法为：

（1）首先由仓库根据库存和生产需要，提出材料采购申请，填写一份"请购单"。"请购单"交供销科审批。

（2）供销科根据事前制订的采购计划，对"请购单"进行审批。若符合计划，便组织采购；若与计划不符，则要单独请厂长批准。

（3）决定采购的材料，由供销科填写一式二联的"订货单"，其中一联由供销科留存；另一联由采购员交供货单位。采购员持"订货单"与供货单位协商采购并签订购货合同。

（4）购货合同的正本留供销科并与"订货单"核对；购货合同的副本分别转交仓库、财务科，以备它们将来查考。

（5）采购来的材料运抵仓库，由仓库保管员验收入库。验收时，将运抵的材料与采购合同副本、供货单位发来的"发运单"相互核对，然后填写一式三联的"验收单"。"验收单"一联由仓库留存，作为登记材料明细账的依据；一联转送供销科；一联转送财务科。

（6）供销科接到"验收单"后，将"验收单"与采购合同副本、供货单位发来的发货票、其他银行结算凭证相核对，以确定此次采购业务的完成情况。

（7）财务科接到"验收单"后，由主管材料核算的会计，将"验收单"与采购合同副本、供货单位发来的发货票、其他银行结算凭证相核对。若相符合，如数支付货款；若不符，则拒付货款。

（8）应支付货款的，由会计开出付款凭证，交出纳员办理付款手续。

（9）出纳员付款后，在进货发票上加盖"付讫"戳记，再转交会计记账。

（10）财务科的材料明细账，定期与仓库的材料明细账相互核对。

A．期初产成品余额多计 5 000 元；

B．固定资产出租净收入为 1 500 元，列入"其他应付款"账户；

C．赞助希望工程支出 20 000 元，列入营业外支出。

要求：请根据上述资料，分别指出该企业的控制强点与弱点。

本题 得分	

五、综合题（共 1 小题，每题 22 分，共计 22 分）

答题要求：根据给定的信息及相关资料，按照要求全面分析答题。

甲公司为在上海证券交易所和美国纽约证券交易所同时上市的公司，该公司审计委员会决定聘请会计师事务所（不具有证券、期货业务资格）为其提供内部控制评价服务和内部控制的审计服务，会计师事务所仅就甲公司财务报告内部控制的有效性进行评价和审计，并对财务报告内部控制的有效性发表审计意见。在评审过程中，会计师事务所注册会计师了解了甲公司内部控制的设计，评价了内部控制设计的合理性，测试和评价了内部控制执行的有效性，并编制了相关评价工作底稿。评价工作底稿中记载的有关甲公司内部控制设计和运行的部分内容摘录如下。

（1）为加强货币支付管理，货币资金支付审批实行分级管理办法：单笔付款金额在 10 万元以下的，由财务部经理审批；单笔付款金额在 10 万元以上、50 万元以下的，由财务总监审批；单笔付款金额在 50 万元以上的，由总经理审批。

（2）为统一财务管理、提高会计核算水平，设置内部审计部，与财务部一并由总会计师分管。内部审计的主要职责是对公司内部控制的健全、有效，会计及相关信息的真实、合法、完整，资产的安全、完整，经营绩效以及经营合规性进行检查、监督和评价。

（3）为保证公司投资业务的不相容职务相互分离、制约和监督，投资业务由不同部门或不同职员负责。其中：投资部门的 A 职员负责对外投资预算的编制；投资部门的 B 职员负责对外投资项目的可行性分析论证及审批；财务部负责对外投资业务的相关会计记录。

（4）公司建立了采购申请制度，依据购买物资或接受劳务的类型，确定归属管理部门，明确相关部门或人员的职责权限及相应的请购和审批程序。具有请购权的部门对于预算内采购项目，应当严格按照预算执行进度办理请购手续，对于超预算和预算外采购项目，应在办理请购手续后，及时报请具备审批权限的部门和人员审批。

（5）C 职员在核对商品装运凭证和相应的经批准的销售单后，开具销售发票。具体程序为：根据已授权批准的商品价目表填写销售发票的金额，根据商品装运凭证上的数量填写销售发票的数量；销售发票的其中一联交财务部 D 职员，由 D 职员据以登记与销售业务相关的总账和明细账。

（6）该公司的某一子公司在销售完成后，通知出纳人员办理货款结算，并进行账务处理。公司未设独立的客户信用调查机构，在财务部门和销售部门中也没有专人负责此项工作。

（7）公司董事长郑某等人在 2009 年和 2010 年间未经公司董事会同意，先后挪用 1 590 万元和 1 400 万元，分别给了 M 公司和 N 公司用于经营。事后得知，M 公司是甲公司的第 5 大股东，它是由郑某等人以亲属名义注册的私人企业，而 N 公司的企业法人就是郑某。

要求：假定甲公司的其他内部控制不存在缺陷，请指出甲公司上述内部控制在设计与运行方面的缺陷，并简要说明理由。

模拟试卷六

一、名词解释题（共6小题，每题3分，共计18分）

答题要求：概念明确，措辞严谨，简洁明了。

1. 合伙制企业
2. 资本结构
3. 激励机制
4. 焦土战术
5. 合作式牵制
6. 重要性原则

二、简答题（共3小题，每题5分，共计15分）

答题要求：紧扣要点，简要回答。

1. 代理成本的内容。
2. 机构投资者的特征。
3. 什么是"三重一大"？有什么要求？

三、辨析题（共3小题，每题5分，共计15分）

答题要求：分辨题中说法是否正确，并简要说明理由。

1. 《银行法》的限制和《公司法》的限制是我国债权人治理机制弱化的原因之一。
2. 内部控制定义中的"过程"是指静止的结果。
3. 独立董事在我国公司治理结构中只是一个花瓶。

四、案例分析题（共2小题，每题15分，共计30分）

答题要求：根据给定的案例信息，按照要求分析。

1. A公司的会计为外聘的兼职会计，平时不在公司上班，日常会计事务均由出纳费玲办理，所有票据和印章也均由费玲保管。一日，有客户持金额为2万元的购货发票要求退货，正与费玲争执时，被经理王某碰到，经查该款系2个月前的销货款，并未入账。

要求：试分析A公司在内部控制方面存在的缺陷。

2. A公司仓库保管员负责登记存货明细账，以便对仓库中的所有存货项目的收、发、存进行永续记录。当收到验收部门送交的存货和验收单后，仓库保管员根据验收单登记存货领料单。平时，各车间或其他部门如果需要领取原材料，都可以填写领料单，仓库保管员根据领料单发出原材料。公司辅助材料的用量很少，因此领取辅助材料时，没有要求使用领料单。各车间经常有辅助材料剩余（根据每天特定工作购买而未消耗掉，但还可为其他工作所用的），这些材料由车间自行保管，无须通知仓库。如果仓库保管员有时间，偶尔也会对存货进行实地盘点。

要求：请根据上述材料，试分析 A 公司内部控制有什么缺陷？并简要说明该缺陷可能导致的问题。

本题 得分	

五、综合题（共 1 小题，每题 22 分，共计 22 分）

答题要求：根据给定的信息及相关资料，按照要求全面分析答题。

M 股份有限公司非常重视企业内部控制建设，N 会计师事务所接受委托对 M 公司 2013 年度的内部控制进行审计。按照注册会计师职业准则要求，N 会计师事务所必须对 M 公司的内部控制进行了解、测试和评价后才能开具内部控制审计报告。以下是注册会计师通过检查 M 公司内部管理制度汇编、员工手册、组织结构图、业务流程图、岗位描述和权限指引等内部资料，并结合询问、观察和穿行测试收集的部分内部控制资料。

资料一

公司对出纳工作岗位特别规定如下。

（1）出纳员可实行强制休假制度，休假期间应办理好交接手续，相关工作由记账会计兼任；

（2）出纳员对于库存现金要做到"日清月结"，对于"白条抵库"情况应定期向内部审计部门报告；

（3）出纳员至少每月编制一次银行存款余额调节表，对于非正常的未达账项应及时向内部审计部门报告；

（4）出纳员对于个人名章妥善保管，最好交给财务负责人保管；

（5）为了便于管理和协调，出纳员应由财务处长的直系亲属担任。

资料二

M 公司对于各个业务环节的岗位职责进行了明确的规定，其中部分规定如下。

（1）供应商确定与采购合同签订可以由一个人同时负责；

（2）销售经理负责批准赊销，并亲自注销坏账；

（3）仓库管理员负责保管存货，并有处置破损商品的权限；

（4）负责应收账款记账的会计应每月定期向本市到期客户收取现款；

（5）公司核心业务在需要时可以选择外包。

要求：从企业内部控制理论和方法角度，分析上述资料一和资料二中的内部控制设计或执行存在的情况，请逐一指出内部控制的观点是否正确，并分别说明理由。

第三篇　综合案例分析

默多克新闻集团窃听丑闻　案例一

（一）默多克新闻及默多克简介

新闻集团（News Corporation）是全球最大的媒体集团之一。它主要的股东和首席执行官是鲁伯特·默多克，他的家族控制着这个公司 30% 的股份。新闻集团的业务有 7 大类，即新闻报纸、电视台（卫星、互动和数字）、图书出版、有线网络、杂志和广告、电影娱乐以及包括新媒体的开发建设在内的其他业务，几乎涵盖所有媒体形态。

在英国，40% 的报纸企业都由新闻集团控股，其中包括《泰晤士报》《每日电讯》《镜报》《卫报》等 6 宗发行量最大的报纸企业，它们的报纸日总发行量达到 2 500 万份；在澳大利亚，新闻集团也控制了 2/3 的报纸企业。

在美国，新闻集团拥有 20 世纪福克斯电影公司、福克斯网络和 35 家电视台，占全美电视台总数的 40%；在拉美地区，新闻集团与 3 家电视台合作，通过卫星播送 150 套节目；在欧洲，新闻集团有天空电视台；在印度，新闻集团有 EETV；在中国，3 500 万个家庭可以通过卫星收看到新闻集团的电视节目。现在，新闻集团可以用 7 种语言，通过 40 多个频道向亚洲 53 个国家和地区提供娱乐和信息节目。

新闻集团的前身是鲁伯特·默多克在澳大利亚创办的一家地方新闻公司。1952 年，年轻的默多克接手了父亲创办的地方报纸阿德莱德《新闻报》。刚到英国，默多克大肆向外界宣称要买下英国最负盛名的《镜报》。当他的提议被《镜报》的母公司 IPC 媒体公司驳回之后，他又转而开始购买 IPC 媒体公司的股份。1969 年，默多克收购了《世界新闻报》，接着又以 50 万英镑的低价收购了《太阳报》，在收购一年后，该报的发行量从 80 万份升至 200 万份，取得了巨大的成功。默多克把《世界新闻报》《太阳报》的经营模式带到美国。1974 年，默多克创建了《星报》，这是他在美国创建的第一份小报，之后默多克收购了纽约历史上最悠久的《纽约邮报》。1984 年，默多克收购了 20 世纪福克斯电影公司，此举使得默多克的新闻集团在美国的影响力逐渐扩大。

在新闻集团，默多克就像一个政府公关专家，在澳大利亚，他曾利用自己掌握的媒体资源公开支持左翼的爱德华·高夫·惠特拉姆，使得后者在 1972 年当选澳大利亚总理。在英国，从撒切尔夫人到卡梅伦，历任首相都是默多克的好友。默多克从政治投机中获得了可观的回报：他的并购和扩张可以绕开管制，游说政府制定更有利于新闻集团的政策，保障"自由贸易"继续畅通无阻。

2011 年 7 月，米莉失踪案窃听事件真相的报道拨开了窃听案的另一层外壳。随着"窃听风暴"愈演愈烈，默多克不得不亲手关闭《世界新闻报》，并放弃了收购"天空"的计划，但仍然未挡住风暴的蔓延，传媒大亨遭遇史上最大危机。

默多克小报理念的精髓是标榜可以满足消费者的一切需求，但它那无所不用其极的手段使其最终落入了自身的陷阱，给消费者带来了无法弥补的伤害。

（二）事件回顾

2011年7月4日，一直在跟踪调查《世界新闻报》窃听事件的英国《卫报》向世界公布答案：默多克旗下《世界新闻报》的记者和私家侦探窃听失踪少女米莉的手机，当手机储存已满时，他们私自删除了米莉在失踪前几天内收到的信息，而这种损坏证据的行为严重干扰了警方破案。这条对《世界新闻报》来说看似平常的"窃听"消息的披露，却产生了不平常的效应——《世界新闻报》被推向了道德拷问的风口浪尖，道德拷问聚焦在了传奇人物默多克身上。

英国《星期日泰晤士报》和《太阳报》也被揭露存在窃听丑闻，而布朗竟是他们长期窃听的对象。在英国，至少有10名王室成员遭窃听，2005年5月，《世界新闻报》报道说威廉王子的膝盖肌腱受了伤；2006年4月，《太阳报》刊登了哈里王子流连脱衣舞夜总会的爆炸性新闻；令人惊讶的是，《世界新闻报》在跟踪报道中居然还原了威廉王子嘲笑哈里的电话。报道称一名名叫戈登·詹特尔的人于2004年在伊拉克某供油港的一次任务中遭到路边炸弹袭击，遇难身亡。此后，《每日电讯》为获取一手新闻资料，通过各种渠道窃取了戈登之前和家人的通话记录。

英国人第一次清醒地认识到，在他们兴致盎然地围观名人隐私时，自己的生活同样可能被窥探。"窃听风暴"愈演愈烈，默多克不得不亲手关闭了《世界新闻报》，并且放弃收购"天空"的计划。

（三）基于内部控制视角的分析

1. 无视法律，践踏人权

从道德层面上看，"窃听丑闻"违反了新闻伦理职业道德；从法律层面上看，则是践踏基本人权，违反了相关的人权保护法案。这与构建内部控制体系目标之一的合法性目标相违背。

2. 组织架构形同虚设

在新闻集团，常常是默多克一个人说了算，默多克在新闻集团的股份仅为12%左右，但他却借助于一种在许多治理不当的公司里沿用的机制——两级股份制，使自己大权在握。新闻集团的大多数股东拥有的是A股，但只有B股才能投票选举董事或做出任何其他决定，而默多克拥有了将近40%的B股。

3. 发展战略过于激进

默多克也希望将《太阳报》与《世界新闻报》的模式带到美国，但是，小报在英国的成功依赖于工薪阶层的购买而且随处可以买到，但这两个关键因素在美国都不具备，但默多克对此并不了解。身边的亲信多次劝说默多克谨慎行事，但默多克一意孤行，他收购了纽约历史上最悠久的《纽约邮报》，但在此后的30年里，它一直处于亏损状态，到了2007年，《纽约邮报》每年的亏损高达5 000万美元。

4. 默多克的任人唯亲制度

例如，新闻集团在2010年付给默多克的前妻邓文迪9.2万美元的"在华开发聚友网业务战略咨询费"（新闻集团已经以巨额的亏本价卖掉了聚友网）。默多克还公开指定自己的儿子（最初是拉克伦，现在是詹姆斯）作为他的当然继承人，安排他们担任的职位远远超出了他们所表现出来的能力。

5. 没有履行社会责任

社会责任论的主旨，就是建立伦理，抑制滥用新闻自由。而默多克旗下报纸窃听英国政要、社会名流长达数十年，致使某些政要名流深受其苦，甚至家破人亡。

6. 没有形成良好的企业文化

良好的企业文化表现出来的是为大家认同并遵守的价值观、经营理念和企业精神，它应该是健康的、为大众所接受的。《世界新闻报》之所以窃听丑闻不断，"抢独家""求爆料"是其铤而走险的主要推动力。在媒体行业的巨大竞争压力下，公司内部形成了以获取爆炸性新闻不择手段、漠视道德伦理的黑色文化。

7. 没有建立完善的监督机制

在西方各国尤其是美国，媒体被看成是行政、立法、司法之后的第四权力。默多克事件曝光后，人们发现媒体能监督别人，但别人很难监督它，事实上也成了一种绝对权力。默多克的《世界新闻报》监听了四千多人，历任的英国首相都必须与其保持良好关系，否则就会遭到打击，甚至落选下台。这也表明，媒体到了不受社会监控的地步也会给社会带来严重后果。

8. 风险意识淡薄

新闻集团的《风险管理与内部控制》框架中只用了寥寥数语简要地阐述了风险的概念和内部控制制度的构建，至于如何识别风险、评估风险以及应对风险，在框架中无法找到确定的指引。默多克一贯主张以降低报纸的格调来吸引读者，进行窃听并没有考虑可能存在的诉讼风险。新闻集团自身作为一个传媒机构，尚不能清楚地分析媒体舆论的威力，长期从事违法、违规行为，已经使集团忘记了风险。

"王老吉"品牌之争 案例二

（一）案例简介

1. "王老吉"品牌

王老吉凉茶发明于清道光年间，至今已有175年历史，被公认为凉茶始祖，有"药茶王"之称。到了近代，王老吉凉茶更是随着华人的足迹遍及世界各地。20世纪50年代初，王老吉凉茶铺分成两支：一支完成公有化改造，发展为今天的王老吉药业股份有限公司，生产王老吉凉茶颗粒（国药准字）；另一支由王氏家族的后人带到香港。在中国内地，王老吉的品牌归王老吉药业股份有限公司所有；在中国内地以外的国家和地区，王老吉品牌为王氏后人所注册。

2. 加多宝与"红罐王老吉"

加多宝集团创立于1995年，是一家大型专业饮料生产及销售企业，它在创立的第一年就推出首批红色罐装"王老吉"。1998年，集团以外资形式在我国广东省东莞市长安镇设立了首个生产基地。其后，为满足全国及海外市场扩展的需要，集团继广东后，又分别在浙江、福建、北京、湖北、青海等地设立生产基地。加多宝旗下产品包括红色罐装"王老吉"、茶饮料系列。红色罐装"王老吉"是凉茶行业的第一大品牌，由纯中草药配制，清热降火，功能独特。其销售网络遍及中国内地30多个省、市，并销往东南亚、欧美等地。

1997年，广州王老吉药业股份有限公司（以下简称"广药集团"）旗下的广州羊城药业股份有限公司王老吉食品饮料分公司与香港鸿道集团有限公司（以下简称"鸿道集团"）签订了商标许可使用合同。合同规定，鸿道集团自当年取得独家使用"王老吉"商标生产销售红色纸包装及红色铁罐装凉茶饮料的使用权，合同有效期至2011年12月31日止，有效期15年，后于2001年续签合同，有效期共计20年。而广药集团下属企业王老吉药业则自主生产销售绿盒装王老吉。广州羊城药业和香港王老吉集团，也在内地和包括香港在内的海外国家与地区，确认了各自的商标拥有区域。雄心勃勃的鸿道集团为此投资成立了香港加多宝（广东）股份公司（以下简称"加多宝公司"），由香港加多宝集团提供配方，经广州王老吉药业特许在中国内地独家生产，专门负责"红罐"王老吉凉茶的生产和销售。

3. 广药集团夺回"王老吉"

在双方签署商标授权使用合同后的10多年间，加多宝公司将红罐王老吉从一个区域品牌打造成一个家喻户晓的全国品牌，年销售额突破100亿元。

然而，双方2002年至2003年续签的补充协议出了问题。原来，时任广药集团总经理的李益民收取了鸿道集团数百万元的贿赂后，才签署了将租赁期限延长到2020年的授权书，东窗事发后，广药集团认为该补充协议无效，商标租赁期限已于2010年5月到期。从2008年开始，广药集团就与鸿道集团交涉，但一直没有结果；同年8月，广药集团向鸿道集团发出律师函，称李益民签署的两个补充协议无效；2010年11月，广药集团启动王老吉商标评估程序；2011年4月，广药集团向中国国际经济贸易仲裁委员会提出仲裁请求；2011年12月29日，此案进入仲裁程序。

2012年5月11日，广药集团收到了中国国际经济贸易仲裁委员会于5月9日做出的裁决书，裁决书认定《"王老吉"商标许可补充协议》和《关于"王老吉"商标使用许可合同的补充协议》无效，要求加多宝集团停止使用"王老吉"商标。据了解，该裁决为终局裁决，自做出之日起生效。

（二）基于内部控制视角的分析

1. 忽略了内部控制目标

我国 2008 年颁布的《企业内部控制基本规范》指出，企业内部控制的目标是：合理保证企业经营管理合法合规、资产安全、财务报告及相关信息真实完整。广药集团之所以能够胜诉，最关键的原因是双方于 2003 签订的续租合同是通过行贿达成的，这违反了我国《合同法》的规定，因此合同无效。另外，我国《商标法》规定，注册商标的有效期为 10 年，有效期满后必须申请续展注册。鸿道集团在 2003 年就签下了长达 17 年的商标授权许可合同，显然是不受法律保护的。鸿道集团的内部控制忽略了企业经营管理应当合法、合规这一重要目标，使得续约不成立，是导致加多宝损失的主要原因。企业的长期发展有赖于法律的保护，没有坚实的法律基础，企业或许在一段时间内发展较快，但不利于企业的长远发展。

2. 内部管理存在问题

《企业内部控制应用指引》第 4 号文件指出，员工权益保护不够可能导致员工积极性受挫，影响企业发展和社会稳定。内部管理上的问题在"加多宝"前两年高速发展的时候被掩盖了，现在增速降低的时候纷纷暴露。当初"王老吉"能够成功，是因为中国凉茶饮料市场处于萌芽阶段，市场也没有巨头。但是现在的瓶装水领域里，销售上，康师傅坐上了瓶装水的头把交椅；品牌上，农夫山泉中国瓶装水第一品牌的形象深入人心；价格上，来自西藏的 5100 已经独占鳌头，5 块钱的定价让 5100 成为中国瓶装水的未来高端标杆。可以说"加多宝"进入中国高端瓶装水领域，面对的是一个巨大的红海，而不是以前自己运作"王老吉"时进入的蓝海市场。

其后期出现的问题主要表现在，全国各地的销售人员状告加多宝公司拖欠工资，没有兑现承诺；市场发展受阻，销售表现不佳；业内人士透露说加多宝公司很多高管被霸王集团挖走，投身到霸王凉茶的事业中去了。

3. 战略制定不合理，战略风险过大

拥有发展目标，却缺乏与之匹配的战略规划。我国《企业内部控制应用指引》指出，企业在制定与实施发展战略时应当关注企业缺乏明确的发展战略或发展战略实施不到位的风险。加多宝公司战略不明确、不合理，导致战略实施受阻。加多宝公司的支柱产品是红罐王老吉，没有红罐王老吉就没有加多宝。因此，加多宝公司是产品品牌运营商，而非企业品牌运营商，而红罐王老吉的商标所有权并不是"加多宝"，换句话说，"王老吉"只是广药集团寄养在加多宝旗下的干儿子，随时有可能被亲爹叫走。

4. 资产管理不到位，品牌意识薄弱

在品牌管理中，加多宝公司采用了一牌一品战略。加多宝公司使用的商标"王老吉"系租赁品牌，相对于并购或合作等方式，品牌租赁风险较大，并不是一个成功的品牌发展模式。一方面，由于没有所有权，企业往往在市场投入上有所顾虑；另一方面，如果全力做大租赁品牌，一旦租约到期且双方无法达成后续协议的话，那么企业将不得不放弃前期的巨额投入，同时在市场上给自己培养了一个强劲的竞争对手，甚至使自己陷入法律纠纷的泥淖。

5. 风险评估过程缺失

低估了风险评估的重要性，多次错失逆转良机。从 2004 年李益民受贿案东窗事发开始，到 2005

年李益民被判处无期徒刑，行贿人陈鸿道弃保潜逃，这其实是一个很明显的风险隐患。加多宝公司此时至少应当意识到因行贿签订的续约合同可能存在问题，并就此事进行法律咨询，提前采取应对措施，那么加多宝公司也不至于 2011 年仓促应战。

（三）案例启示

王老吉事件从某种程度上反映了当前商标租借的彷徨、迷茫，随着品牌的做大就会有被收回的危险，同时一旦收回，不仅得不到前期辛苦培育品牌的好处，还会培养出一个竞争对手。

1. 经营企业品牌——实行产品品牌和企业品牌双驱动策略

采取"产品品牌+企业品牌"双驱动的策略运行，适时提高"加多宝"品牌的知名度和影响力，改变目前这种产品品牌与企业品牌绝对不对等的现象。这样不仅可以规避"加多宝"依附战略的短板，提高谈判影响力，还能为未来"加多宝"进行多品牌运作或者是向自主品牌运作扫平诸多市场障碍。

2. 加强商标管理

租借企业可通过加强商标使用期内的增值管理，协调双方利益关系，做大做强品牌，同时实现利益共享。商标随着品牌营销而不断升值，对出租方而言，被租借的商标就是无损耗资产，每次的广告投入、成功的营销策略都能够实现商标资产的改造、品牌价值的提升。

3. 加强租借合同控制

公司应严格按照内控规范相关规定，规范合同签订行为。随着企业规模的发展、品牌的壮大，商标不断升值，此时租借双方都会意识到商标使用权的巨大收益，如何续租，双方要做好协商，而非行贿取得续租。

*ST 长油成央企首家退市股 | 案例三

（一）案例简介

*ST 长油（中国长江航运集团南京油运股份有限公司）是中国外运长航集团控股子公司，经营全球航线的原油、成品油以及化工品、液化气等特种运输业务。2014 年 3 月，当它公布 2013 年归属于上市公司股东的净利润为-59.22 亿元后，央企首家退市股的称呼也同时落到了*ST 长油的头上。

2014 年 4 月 11 日，上海证券交易所发布公告称，中国长江航运集团南京油运股份有限公司（以下简称"公司"）在 2010 年、2011 年和 2012 年三年间连续亏损，公司股票（证券简称为"*ST 长油"，证券代码"600087"）自 2013 年 5 月 14 日起暂停上市。2014 年 3 月 22 日，该公司披露的 2013 年年度报告显示，2013 年度归属于上市公司股东的净利润为-59.22 亿元，2013 年末归属于上市公司股东的净资产为-20.97 亿元。信永中和会计师事务所对该公司 2013 年度财务报表出具了无法表示意见的审计报告。根据《上海证券交易所股票上市规则》第 14.3.1 条、第 14.3.3 条和第 14.3.17 条的规定，经本所上市委员会审核，本所决定终止该公司股票上市交易。根据《上海证券交易所股票上市规则》第 14.3.21 条、第 14.3.22 条和第 14.3.26 条的规定，自本所决定公告之日后的五个交易日届满的下一个交易日起，该公司股票进入退市整理期交易，并于退市整理期届满后的次日终止上市，本所对其予以摘牌。退市整理期间，该公司及相关信息披露义务人仍应当遵守法律、行政法规、部门规章、其他规范性文件、《上海证券交易所股票上市规则》及本所其他规定，并履行相关义务。

公开数据显示，截至 2013 年年末，*ST 长油的股东总数为 14.938 5 万户，在 2013 年年报披露日前五个交易日末股东总数为 14.944 2 万户。可是，面对即将进入退市整理期的*ST 长油，公司的部分股东表示无法接受这一结果。

（二）案例分析

作为央企首家退市股，*ST 长油的案例给国内其他央企带来了沉重的打击，也让大家看到了其公司治理和内部控制的失效。

1. 高层决策失误，风险识别能力薄弱

*ST 长油的亏损，与公司管理层的决策失误有很大的关系，同时，公司的大股东也难辞其咎。实际上，早在 2008 年，公司已经预计到市场的走低和运力可能过剩。*ST 长油在 2008 年的年报中曾表示，"受金融危机影响，全球经济衰退几成定局，国内经济的持续增长难免受到波及"。同时，公司也提前预测到了"运输市场的大幅波动将直接影响公司业绩"。据业内人士分析，航运业的鼎盛时期是 2007 年，2008 年开始出现下滑趋势，2009 年下滑尤其明显，而此时的航运业早已运力过剩。当时高层没有考虑到航运业的生命周期，事实上在 2008 年之前航运业已经经过了 10 年左右的繁荣发展期，但是高层并没有做好应对风险的准备。

2. 运力扩张，公司发展战略失误

*ST 长油亏损的根本原因主要是：其一，油轮运输市场持续低迷，在后金融危机时期全球原油需求增幅减缓，同时油轮净运力增加，市场供需处于严重失衡状态；其二，公司在 2008 年前期进行大规模扩张，但是 2008 年之后航运市场景气度直转急下，公司负债压力极大；其三，在其自身无力

扭转局势的情况下，其母公司板块割据严重，没能为*ST长油提供有力支撑。

《证券日报》记者分析："公司现今亏损的主要根源在于运力扩张，负债造船，使得银行借贷过巨，负债率过高。"据记者调查，早在2007年，*ST长油便曾预计在未来2～3年内，公司的发展主要资金需求为造船项目资金。而截至2007年年末，公司尚需支付的船舶建造款就高达46.45亿元。这还是在不考虑后续新增运力的情况下的欠款。此时的*ST长油已经预计到造船所带来的风险，但是，公司不但没有注意这一风险，而且还预计于2009年新增运力。据2008年年报显示，2009年，公司预计新增5艘超大型油轮（VLCC）、10艘MR油轮和3艘特种品运输船，总计约200万吨的运力。公司认为，这将有助于公司经营业绩实现总体稳定。从一系列经营决策看，该公司的发展战略的制定及实施是一种失误。

（三）案例启示

虽然2008年爆发的金融危机令市场始料未及，而当时在A股市场上即将退市的只有*ST长油一家，这意味着*ST长油在管理和经营体系方面存在较大漏洞。然而，不管是公司盲目扩张，忽视风险，还是高层决策失误，都与公司内部控制与风险管理失效脱不了干系。正是由于企业缺少有效的内部控制制度和风险预警机制，才导致公司管理层在行业市场低迷及金融危机的情况下依然做出扩张决策且这些决策还能顺利地被通过并加以落实。由此可见，*ST长油的内部控制制度及风险预警机制亟待完善，同时，*ST长油事件也给国内央企的公司治理和内部控制敲响警钟。

1. 切实维护中小投资者合法权益

保护中小投资者的合法权益，是维护资本市场健康发展的重中之重。投资者投资股市是为了赚钱，但客观上也为国企脱困、国家经济发展做出贡献。市场要维护公开、公平、公正的秩序，贯彻好"国九条"等政策，把保护中小投资者利益的举措落到实处。同时，要完善投资者民事诉讼机制和受害权益依法救济制度，健全投资者赔偿机制，切实保护投资者特别是中小投资者的合法权益。对投资者反映的*ST长油信息披露违规、制造"盈利陷阱"等问题要尽快调查，公正处理。

2. 将国有上市企业管理者的收益与绩效挂钩

一些国有上市企业的管理者缺乏责任心。只有把他们的收益与绩效挂钩，才会减少"富了和尚穷了庙"的现象；才会让管理者把企业看成是命运共同体，也就不会出现投资者血本无归，而管理者的几十万元年薪照拿的不正常现象。

3. 做好投资者的服务工作

有关部门和机构要增强服务观念，尽快建立、完善投资者服务机制，随时关注投资者特别是中小投资者的诉求，做好投诉受理工作。这次*ST长油投资者反映公司问题，有关方面存在反应缓慢、处理不力的嫌疑。很多基层证券交易所也没有尽到为投资者服务的责任。中小投资者受条件所限，信息渠道不畅通，也无法与大投资者竞争。

4. 认真做好股民的风险教育工作

有关部门和机构要明确教育引导投资者。一方面要做好舆论引导，为股民普及投资知识，提供政策解读、形势分析，纠正对市场的模糊认识，引导理性思考和风险判断，形成价值投资理念。特别要告诉股民投资股市的风险。例如，持有*ST长油的很多投资者便没有正确认识到股市的风险，认为央企不会退市，退市的都是民企，结果损失惨重。

法兴银行的兴衰 案例四

（一）案例简介

1. 法兴银行曾经的辉煌

法国兴业银行（Societe Generale，以下简称"法兴银行"）创建于 1864 年 5 月，是有着近 150 年历史的老牌欧洲银行，也是世界上最大的银行集团之一。法兴银行 1997 年总资产达到 4 411 亿美元，在法国银行业跃居第一，在全球银行业排第 7 位，并进入世界最大的 100 家公司之列。

法兴银行分别在巴黎、东京、纽约的证券市场挂牌上市，拥有雇员 55 000 名、国内网点 2 600 个、世界上多达 80 个国家的分支机构 500 家，以及 500 万私人和企业客户。它提供从传统商业银行到投资银行的全面、专业的金融服务，被视为世界上最大的衍生交易市场领导者，也一度被认为是世界上风险控制最出色的银行之一。

2. 法兴银行惊魂六日

2008 年 1 月，期货交易员杰罗姆·科维尔（Jerome Kerviel）在未经授权的情况下大量购买欧洲股指期货，形成 49 亿欧元（约 71 亿美元）的巨额亏空，创下世界银行业迄今为止因员工违规操作而蒙受的单笔最大金额损失，触发了法国乃至整个欧洲的金融震荡，并波及全球股市，引发股市暴跌。无论是从性质还是规模来说，法兴银行的交易欺诈案都堪称史上最大的金融悲剧。

法兴银行的惊魂六日。

1 月 18 日，法兴集团查出科维尔交易记录存在异常。

1 月 19 日，科维尔承认进行未授权交易，调查团队开始调查。

1 月 20 日～1 月 21 日早晨，所有的头寸都被最终确认。在当天下午早些时候，总体盈亏程度被确认。

1 月 21 日～1 月 23 日，法兴集团对欺诈案中头寸紧急平仓，整整抛售 3 天。

3. 杰罗姆·科维尔

杰罗姆·科维尔，法国人，出生于 1977 年 11 月，1996 年于法国南特大学获得学士学位，2000 年于法国里昂第二大学毕业，获得金融市场运营管理硕士学位。老师评价认为，科维尔是一名极为优秀的学生，他深受老师和同学的喜爱。

2000 年，科维尔进入法兴银行，在监管交易的中台部门（middle office）工作 5 年，负责信贷分析、审批、风险管理、计算交易盈亏，积累了关于控制流程的丰富经验。2005 年调入前台部门（front office），供职于全球股权衍生品方案部（global equities derivatives solutions），负责与客户非直接相关、用银行自有资金进行套利的业务。

科维尔负责最基本的对冲欧洲股市的股指期货交易，即在购买一种股指期货产品 A 的同时，卖出一个设计相近的股指期货产品 B，实现套利或对冲目的。这是一种短线交易，且相似金融工具的价值相差无几，体现出来的仅是非常低的余值风险。

科维尔采用真买假卖的手法，把这种短线交易做成了长线交易。根据银行调查，从 2006 年后期起，科维尔开始买入一种投资组合 A 后，并不同时卖出。为掩盖建仓痕迹，规避相关的风险控制，他同期虚拟卖出,在投资组合 B 中置入了伪造的操作数据,使这个投资组合看起来与他所购买的投资组合 A 形成对冲,伪造手法五花八门。

(1)第一个手法是确保所执行违规操作的特征不会引起高概率的控制核查;

(2)第二个手法是盗用操作人员管理的 IT 系统权限,用于取消特定的交易行为;

(3)第三个手法是伪造相关数据,使其能够伪造虚假操作数据的来源;

(4)第四个手法是确保在每次虚假操作中使用另一个不同于他刚刚取消的交易中的金融工具,此举的目的是增加规避相关审查的概率。

在 2007—2008 年年初长达一年多的时间里,科维尔在欧洲各大股市上投资股指期货的头寸高达 500 亿欧元,超过法兴银行 359 亿欧元的市值。其中,道琼斯欧洲 Stoxx 指数期货头寸 300 亿欧元;德国法兰克福股市 DAX 指数期货头寸 180 亿欧元;英国伦敦股市《金融时报》100 种股票平均价格指数期货头寸 20 亿欧元。

4. 相似的案例比较

历史上总有惊人的相似,法兴银行、英国巴林银行和中航油案如同出一辙(见表 3-1),涉案者都为个人,都涉及金融产品,都给企业带来巨大的损失,有的甚至破产。

表 3-1 相似的案例比较

	法国兴业银行案	英国巴林银行案	中航油案
时间	2008 年	1995 年	2004 年
主要涉案人	杰罗姆·科维尔	尼克李森	陈久霖
涉及金融产品	利用银行漏洞买卖欧洲股指期货	违规进行东京证券交易所日经 225 股票指数期货合约交易	擅自从事石油衍生品期权交易
损失金额	71 亿美元	14 亿美元	5.5 亿美元
影响	向外界寻求注资约 55 亿欧元	破产	2006 年 3 月通过债务重组方案

(二)公司内部控制漏洞分析

法兴银行作为一家"百年老店",享有丰富的金融风险管理经验,监控系统发达,工作权限级别森严,一个普通的交易员为何能够闯过 5 道计算机关卡,获得使用巨额资金的权限,违规操作一年多而没有被及时发现,这是我们关心的首要问题。我们把科维尔的行为定性为职务舞弊,通过分析,可以发现科维尔职务舞弊得逞的原因不仅"归功于"其采取的"高超"操作手法,更主要的原因是由于法兴银行相关内部控制的严重漏洞。

1. 与同事共谋为科维尔规避内部控制提供了机会

科维尔采用的虚假交易大约 15%是由他的交易助理来完成的。正是交易助理和科维尔的共谋为规避内部控制提供了机会。在法兴银行,基于诚信的企业文化背景,交易员之间经常均衡经营业绩来获取更高的津贴,这就为科维尔规避内部控制创造了机会。

2. 主管权益证券和派生证券的前台部门(GEDS/DAI/TRD)工作不利

自 2007 年以来,存在许多需要警惕或者调查的信号,但是银行前台部门都没有进行调查,其原因主要可归纳为 5 个方面。

(1)科维尔的顶头上司监管失灵,否则科维尔的职务舞弊可能会更早被发现。在科维尔的舞弊案例中,公司在交易活动和职员个人管理方面的监管都有缺失。交易员的顶头上司和监管者并没有对现存的数据结构进行必要分析,否则将能发现科维尔交易中存在许多应当引起关注的情形。内部控制系统不能及时做出反应并加以解决,尽管法兴银行总秘书处总稽核部(SEGL/INS)早就将交易员交易的内部控制缺陷识别为需要修正的事实，却没有得到及时解决。

（2）更高一级的 DELTA ONE 经理监管不力。该经理是一个新手，对科维尔所从事的交易业务不太熟悉，从而不能有效监管科维尔的交易。

（3）DELTA ONE 部门下属的上市产品部（科维尔所在部门）对科维尔职务舞弊行为的容忍，为科维尔更方便地实施职务舞弊行为创造了条件。伴随着 DELTA ONE 交易量和利润的迅猛上升，前台部门迅速发展。在基于诚信之上的企业文化背景下，部门内交易员经常突破限额，进行未授权交易，以实现经营业绩均衡化。

（4）前台部门对舞弊风险缺乏敏感度，对大量异常信号缺乏关注与反应。不同部门间的内部控制缺乏有效交流和沟通，员工职责和内部控制程序没有充分的明确，而且缺乏完善的信息交流沟通制度，各个部门发现的异常信号很难集中并逐级报告到相关部门进行处理。

（5）部门迅速扩展给正常经营带来了困难。例如，交易量一年增长了一倍，雇员 2 年内由 4 人增加到 23 人。在权益证券（equities）部门交易量急剧增加的情况下，尽管对信息系统投入了不少资金，但信息系统还是跟不上日益增长的交易环境的复杂性，从而不能有效处理交易。过分依赖人工处理以及员工超负荷的工作意味着内部控制很难有效运行。这样的整体环境降低了内部控制运行的有效性。

3. 职能部门和辅助支持部门的支持和控制功能存在瑕疵

整体上，内部控制按照规定的程序运行，但是这些内部控制并不能有效发现舞弊行为，缺乏一些关键的、可以发现职务舞弊行为的内部控制。营运部门（OPER）、会计财务部门（ACFI）、风险管理部门（RISQ）、主管权益证券和衍生证券交易的部门（GEDS/GSD）等部门的支持和控制功能存在瑕疵，从而不能发现科维尔舞弊。

这主要表现为，法兴银行的内部控制程序缺乏部门间横向内部控制功能，没有具体规定横向各个部门间内部控制的职责，各个部门发现的异常信号不能有效汇总并进行适当处理；缺乏特定的内部控制措施来识别舞弊。法兴银行的内部控制程序并没有将风险管理要求反映到与风险、结果或情形一致的分析中。作为内部控制中的一个重要参考标准，现金流量的变化可以反映出额外的异常信号，但遗憾的是，法兴银行的内部控制中缺乏明确的现金流量参考标准。

4. 总秘书处的职业道德委员会（SEGL/DEO）缺乏适当的舞弊风险意识

职业道德委员会缺乏适当的舞弊风险意识，忽视外部警示信号，从而不能及时发现舞弊。2007年 11 月，关于科维尔交易的异常现象，欧洲期货与期权交易所（EUREX）给法兴银行写了两封信，信中提及科维尔在两个小时内购买价值近 12 亿欧元的法兰克福 DAX 指数期货的异常现象。法兴银行总秘书处职业道德委员会收到信后和科维尔顶头上司进行了沟通，但是其沟通仅局限于对交易员科维尔的解释（如科维尔与其助理的解释说明）进行确证，而不是深入调查并例外报告和校正错误。

（三）案例启示思考

法兴银行在舞弊案例发生后，聘请"四大"之一的普华永道会计师事务所对其内部控制缺陷制订改进的方案，这对我国企业的内部控制建设也是一个有益的借鉴。该方案指出，法兴银行旨在形成"责任共担，互相尊重"的企业文化。完善后的新内部控制旨在形成稳健且独立的内部控制和支持功能，恢复内部控制相关各方之间的平衡和牵制。

（1）在事先得到所有员工对其所承担的职责正式认可后，清晰界定各部门内所有员工的职责，将各个岗位职责写在员工手册上，以明确各人的职责要求。

（2）明确银行内各个职能部门和辅助支持部门间的职责分工，制定辅助支持部门的交易支持辅助手册，取消交易员使用辅助支持部门 IT 的权力。

（3）成立专门委员会来评估内部控制程序和监管内部控制异常信号，将内部控制相关各方信号汇集到一起，从整体上对内部控制进行评价，使得内部控制的运行更为稳健。

（4）制订旨在提高风险管理和运营风险意识的计划。

联想缘何并购 IBM-PC 业务 |

2004 年 12 月 8 日，联想集团（以下简称"联想"）在北京宣布以 6.5 亿美元现金及价值 6 亿美元股票，并购了 IBM 包括 Think Pad 品牌在内的 PC 业务。此次并购被媒体誉为我国企业并购史上的经典之作，分析其成功之处和存在的挑战可以给我国正在走向国际化发展的企业以启示。

（一）案例背景分析

1. 联想集团

2001 年，联想电脑的市场份额达到 27.5%，2003 年其市场份额下跌至 24%，原因是戴尔公司（以下简称"戴尔"）来到我国。1999 年，戴尔开始注意到我国市场，并从美国打到欧洲，所向披靡，无人能敌，把康柏打得一塌糊涂，戴尔来到我国后联想也受到影响。即使当初各大媒体都认为，联想无法跟戴尔竞争，因为戴尔的直销模式非常厉害，但是联想通过组织专门的队伍分析戴尔的打法，摸索出"双模式"方式，既要占领消费领域，同时也得做好直销业务，并通过实践证明这条道路成功了。

2001 年，联想在香港推出其首部家用计算机， 2003 年，联想国际化的收入占其总收入的 5%。并购前，联想的海外业务主要是生产加工及产品出口业务，没有真正意义的品牌业务。2003 年，联想决定收缩其多元化战略，把公司的发展方向放在 PC 业务上，同时着力于国际化。

2. IBM PC 业务

IBM（国际商业机器公司），1911 年创立于美国，是全球最大的信息技术和业务解决方案公司，拥有全球雇员 31 万多人，业务遍及 160 多个国家和地区。2004 年，IBM 的全球营业收入达到 965 亿美元。IBM 的个人计算机业务约占其总销售额的 10%，但利润非常有限。IBM 在 2004 年的前两个季度里，个人计算机事业部亏损 1.4 亿美元，而且这种状况已经持续了 3 年半。2003 年，个人计算机部门亏损 2.58 亿美元，2002 年亏损 1.71 亿美元，2001 年亏损近 4 亿美元。

3. 并购整合

根据双方协议，整个并购交易预计将在 2005 年第二季度之前完成。之后，联想将从整合双方的物流、制造、采购业务等入手，开始进入历时 3～5 年的整合期。联想并购 IBM 的整合分为 3 个阶段。第一阶段，明确总部职能，对供应链进行整合，通过联合采购，重新规划两个公司原有的生产制造布局、物流、生产等环节，从而降低运营成本。为此联想提出"稳定压倒一切"的整合方针。这一阶段预计耗时 12～18 个月，工作重点在于保留客户、员工、渠道；第二阶段的重点是新公司的产品、销售队伍，以及渠道、研发的整合；第三阶段是联想利用全球整合好的品牌进入国际市场，借助于全球平台销售产品。

（二）并购动因分析

IBM 出售 PC 部门的动因是剥离弱势 PC 核心业务（自 1998 年起，其个人计算机业务年年亏损），卖掉 PC 业务，卸下包袱集中资源发展服务器等高利润业务，重点在另一个高端领域抢占制高点。

联想并购 IBM PC 部门的主要动因为协同效应和战略效应。在我国，联想是第一大计算机厂商，但是它并不具备独特的核心竞争力。在成本控制上比不上直销起家的戴尔，在技术创新上又远不及以标新立异著称的苹果计算机。一方面，之前联想提出战略转型，在手机、互联网、IT 服务等多个市场领域，进行大规模的多元化扩张，但最终结果并不如意。因此联想进行战略收缩，把重心放在 PC 业务上；另一方面，联想具有大规模生产、制造的管理能力，其成本控制管理也比较好，而 IBM 则在技术研发方面具有雄厚的实力。联想不仅能同时取得品牌、通道、销售人员、管理团队、售后服务等，而且还能够在 IBM 原有的运营平台上迅速实现其梦寐以求的国际化夙愿。

1. 协同效应

（1）市场协同

IBM 产品线的高端与联想产品线的中低端的互补性，可以实现 PC 机从高端到低端的整个产业链的整合。PC 市场中，笔记本只占有 18%的份额，但在未来笔记本电脑上拥有极强的研发能力，这正是联想所缺少的，和联想有极大的互补性。此外，收购 IBM 的 PC 部门有利于联想吸引国际和国内市场的高端企业用户。

（2）销售渠道协同

联想和 IBM 在这个方面存在各自的优势和不足。对于联想来说，其关键点就是整合 IBM 国外的销售渠道，将国内销售渠道同国外销售渠道合并在一起，实现整个市场的销售渠道一体化运行。IBM PC 部门一直拥有很多全球统一采购的跨国公司大客户，而这些以前联想不敢想的客户资源如今变得唾手可得。有些区域，IBM PC 部门没有合适的渠道，而联想有，这样双方可以实现销售渠道的互补。

（3）品牌协同

在全球经济条件下，品牌就是企业参与世界经济竞争的一张名片，一个响亮的品牌往往会成为企业战胜竞争对手的强大武器。而无论是联想还是 IBM 无疑是目前国际、国内市场上最为闪烁的两颗星星，它们的融合和协同使用必然产生巨大的品牌效应。

（4）财务协同

IBM 在成本方面不具有优势，两者结合后必须首先从降低成本方面着手，砍掉 IBM 成本高昂的外包业务，然后挑拣供应链环节中最薄弱的环节依次动手，逐步实施价值链的成本再造。总之，通过联想的供应链再造，在两者之间合理利用各自的优势，是完全有可能实现成本协同、降低成本的。其次，并购后的财务协同效应还体现在企业融资成本的降低、经济效率与效益的提高、财务能力的增强、企业税赋的负担调整并形成企业信息效应等方面。

2. 战略效应

联想并购 IBM PC 部门的主要动因是公司的长远发展。实际上，联想的门槛在几年前就出现了，当联想计算机在我国的市场份额迅速蹿升到三成左右之后，市场规模还在不断扩大，联想的对手一个个地强大起来，而联想却发现自己开始徘徊不前了。

2003 年，联想决定要充分发挥在 PC 领域的特长，通过走国际化的道路寻求发展，因为我国有低成本的优势。IBM PC 部门的特殊价值显现在研发实力、客户基础、管理体系与文化方面。IBM 产品线的高端产品与联想产品线的中低端产品有较大的互补性，通过联想多年积累的销售渠道，联想有机会成为全球最强大的 PC 供应商。

3. 其他动因

一是未来国际市场需求旺盛要求联想扩大规模和提高核心竞争力，在未来很长的一段时间里，中国市场以及东南亚市场将保持持续的高速发展态势。如此巨大的增长对在新兴市场中占主导地位的联想是一个很大的机会；二是雄厚的国家支持和人力资源使得联想能够实现国际经营战略。联想集团的最大股东是中国科学院，由于有着雄厚的国家背景和人力资源支持，联想在国家采购和融资上都将拥有强大的优势。这对于解决联想合并后五年内的现金紧张问题将会起到很大的作用；三是联想成为 2008 年北京奥运会的 TOP 赞助商，对联想来说这既是一个挑战也是一个机遇。如果有充分的准备和完善的计划，这将有利于联想在全球进行品牌推广和开拓市场。

（三）从内部控制视角看联想并购 IBM

1．控制环境

（1）组织架构

并购完成后，联想集团形成了新的组织架构。联想被重新划分为全球产品集团、全球供应链、全球销售和区域系统、全球研发系统、全球智能系统 5 个不同的模块。新联想将区域总部由 3 个扩展到 5 个，包括联想中国区域总部、印度区域总部、美国区域总部、EMEA 区域总部（欧洲、中东和非洲）、亚太区域总部，每个区域总部将主要负责该地区的产品销售和客户服务。

（2）人力资源政策

联想的人才理念就是希望员工能够把个人追求融入到联想长远的发展之中。收购 IBM PC 业务之后，联想为了两家企业的融合，强调的是"职业化"的职业经理人理念。为了避免 IBM PC 业务员工的离职，联想承诺暂时不会解雇任何员工，并且 IBM 的员工可以保持现有的工资水平不变，他们在 IBM 的股权、期权改为联想的期权。

（3）绩效考核

对最前端的基层销售人员，根据不同的业务模式，联想会采用不同的绩效评估方法，交易型注重团队绩效，关系型注重个人绩效；在对经理和总监一级考核时，考核指标中会加入另一模式的指标，以鼓励模式合作，尽可能减少冲突；对总经理职位以上管理人员的考核，则完全不区分关系型业务还是交易型业务，以确保两类模式的团队合作。此外，联想对区域设立了和谐奖，每个季度进行评奖，鼓励那些在两类模式上和谐共赢的优秀团队。

（4）企业文化

中国的联想员工有鲜明的东方思维与联想特色，原来的 IBM 员工有鲜明的西方思维与 IBM 特色，联想文化与 IBM 文化都是一种很强势的文化（见表 3-2）。激烈的冲突困扰着杨元庆，也束缚着公司的发展。例如，开会的时候，中国员工习惯不发言，除非领导点名。不发言并不代表同意会议的决定，喜欢下来了再"拉抽屉"。外国员工则不同，喜欢主动发言，会上不说，就等同默认会议的结果，开会的时候没有上下级关系。刚开始的时候大家都不了解对方，产生了许多矛盾与冲突。最终，杨元庆为了解决这一问题，要求所有员工在开会的时候赶紧发言，过了这个村就没有这个店，一旦形成决议，那就是所有人的意见，下来了再"拉抽屉"也没用。

表 3-2　　　　　　　　　　　　　　　联想与 IBM 的文化理念

联想	IBM
看重员工对公司价值观的认同	尊重个人的个性和潜力
以企业为大家庭的亲情文化	职业经理人文化
沉默，含蓄	善于表达，直接
追求低成本的制造业风格	高投入高产出的服务业风格

2. 风险评估

（1）风险分析

联想客户流失的风险：2004 年 12 月 9 日，在国际 IT 调研机构 Forrester 发表的报告中，几乎约半数的美国企业称，在并购发生后，他们准备考虑购买惠普或戴尔的产品。

人员流失的风险：第一财经引用 IBM 个人计算机部门员工的话说，有的员工称以前是为 IBM 工作，而现在是为一个从没听说过的公司工作，这让人感觉前途莫测。并有迹象显示，部分原 IBM 个人计算机部门的员工希望调到其他部门以避免被联想收购。

财务风险：虽然 IBM 具有较高的毛利率，但是能否降低其管理费用和销售费用，成为能否扭转 IBM 亏损的关键所在。联想本身的资金链比较紧张，在并购时，支付的并购费用中有 5 亿美元来自国际银团贷款，这笔融资要在 2 年内偿还。

文化融合的风险：联想与 IBM 的文化冲突，既有美国文化与中国文化、西方文化与东方文化的冲突，又有联想文化与 IBM 文化的冲突。

（2）风险应对

针对客户流失风险：全球销售、市场、研发等部门悉数由原相关人士负责，将总部搬到纽约，目的是把联想并购带来的负面影响降到最低；IBM 在全球发行的《纽约时报》和《华尔街日报》上刊登巨幅广告，向消费者承诺业务并入联想后，大部分的经理级主管人员仍会是新公司里的主角，IBM 的系统架构也不会改变。

针对人员流失的风险：根据协议，联想此次购买的不光是 IBM 个人计算机业务的办公机构、场所等，IBM 的员工也被算作无形价值，给统一打包了。

针对财务风险：联想主要采取了降低成本费用的应对措施。在 2006—2009 年进行了 4 次裁员，不仅整合了在全球的销售系统，而且每年可以节约数亿美元的开支。2009 年，联想启动了一项资源调配计划，该计划有助于集团大幅削减营运开支、跨部门重复工种，并且提高了效率。

3. 控制活动

（1）无形资产管理

通过并购，联想将在 5 年内无偿使用 IBM 品牌，并永久保留使用全球著名的"Think"商标的专利。2006 年，"Lenovo"的 logo 印上了 IBM ThinkPad 的机身，使得 Lenovo 和 IBM 双 logo 共存。2007 年 11 月 1 日，联想宣布，停止在笔记本等产品上使用 IBM 标识，联想在全球范围内的标识将全面过渡到 Lenovo。

2005 年 3 月，联想与 Visa 于北京签订战略合作协议，达成为期 5 年的市场推广战略合作。2006 年，联想通过冬奥会、北京奥运会、NBA、华盛顿红人队及足球巨星罗纳尔多等曝光率极高的赞助项目，提升联想品牌在中国以外地区的知名度。

（2）供应链

为了保证整合的效率和效果，联想基本坚持了双方的前端机构"不变"的策略，这传递给市场和客户"平稳过渡"的信息。从 2006 年开始，联想逐步将 IBM 和联想系统关掉，升级为 SAP 系统。为了降低联想原有供应链的复杂性，把过去联想按照零件来选配置，为每个用户按需下单的过程，改为"按照组件"的分类来选配置，为此联想从 2007 年 1 月至 2008 年 10 月进行了 6 次 IT 系统平台发布，依次使用 SAP 核心平台运营联想各大区商务、供应链、财务等核心系统。

（3）采购

联想通过联合采购，重新规划两个公司原有的生产制造布局、物流、生产等环节，从而降低营运成本。在 T 模式上，联想和上游共享生产和库存信息。除了 CPU、内存和电池，其他部件库存由供应商管理；对于 R 模式来说，除了特殊部件，其他通用部件将和 T 业务所需部件合并起来大批量采购，并且也由供应商管理库存。新的采购体系结合了联想和 IBM 的优点，从架构上看，新体系多吸收了 IBM 的精髓，而在某些环节上又保持了联想快速应变的特点。

（4）研发

联想宣布把设在中国北京、日本大阪和美国北卡罗州罗丽的研发中心整合到一起。此外，研发体系还共享两个设计中心。

2005 年 11 月 22 日，新联想推出了首款商务宽屏 ThinkPad 笔记本电脑，为用户提供了一个可选的银色金属外壳，而不再是传统的经典黑色外壳了。

另外，针对联想的双运营模式，T 业务产品的研发要求及时采用新技术、快速把握和应对用户的时尚需求；而 R 业务产品的研发，则更注重稳定性、安全性和耐用性。

（5）运作模式

并购前，联想并不是一个完全按订单生产的企业，其客户 60%～70%来自于个人和中小型企业；而 IBM PC 部门一直以大型企业为客户。联想的管理团队非常擅长通过快速推出新产品、多种多样的促销来适应快速变化的市场和对手。

并购后，联想集团采用了双模式的运营道路，同时满足消费和商用两个市场。在消费者市场上，采用大批量生产和渠道销售来服务交易型客户；而为满足有工作需求的商用市场，联想采用小批量生产和客户代表销售来服务关系型客户。

4．信息与沟通

为了双方更好地沟通，联想把总部迁到美国的纽约，杨元庆常驻美国总部。同时联想采用国际通用语言——英语，作为公司的官方语言。为了解决由于中国员工和美国员工在沟通方式上的不同而导致的交流问题，联想的高管们经过讨论，制定了新的会议规则。西方管理者每人的发言时间将被限制为 5 分钟，中国高管则可以讲 10 分钟，而且中途不得被打断。

仅半年时间，联想把原来亏损的 IBM 个人计算机业务带向了盈利。虽然 2008 年，联想陷入了史无前例的亏损，但两年后，联想重回 PC 前三宝座。在联想发布的 2011 年一季度财报中，联想个人计算机销量同比 2010 年上升 23.1%，全球平均增幅仅为 2.7%，高出市场平均增长率 8 倍，联想已连续七个季度成为全球主要个人计算机厂商中增长最快的公司，并连续九个季度超越市场平均增幅。

云南绿大地公司财务舞弊事件 案例六

（一）案例简介

云南绿大地生物科技股份有限公司（以下简称"云南绿大地公司"）创建于 1996 年，2001 年完成股份制改造，2006 年 11 月，云南绿大地公司申请深交所上市失败。2007 年 12 月，公司股票在深交所上市，成为国内绿化行业第一家上市公司，云南省第一家民营上市企业。公司主营业务为绿化工程设计及施工，绿化苗木种植及销售。公司注册资本 1.5 亿元人民币，拥有自主苗木生产基地 2.9 万余亩，生产各类绿化苗木 500 多种，是国内领先、云南省最大的特色苗木生产企业。公司也是云南首家获得国家园林绿化施工一级资质的企业，公司在北京、成都等地设有分、子公司，是国家级重大科技项目承担企业、中国优秀民营科技企业、云南省高新技术企业，已通过 GB/19001-2008-ISO9001：2008 国际质量管理体系、GB/T28001-2001 职业健康安全管理体系、GB/T24001-2004 idt ISO14001：2004 环境管理体系认证。

2008 年 10 月以来，云南绿大地公司三度更换财务总监、三度变更审计机构；2009 年度公司业绩预告和快报则五度反复；2010 年 3 月，云南绿大地公司因信息披露严重违规等问题被证监会调查。2010 年 12 月，云南绿大地公司董事长何学葵持有的 4 325.8 万股云南绿大地股票被冻结。这一事件引起连锁反应，四个交易日内公司市值蒸发 12.2 亿元，超过 80% 的投资人损失惨重。2011 年，公司又擅自变更了会计估计。2011 年 3 月，董事长何学葵因涉嫌欺诈发行股票罪被公安机关逮捕。2011 年 3 月，北京、上海、成都三地律师受云南绿大地投资人委托，起诉云南绿大地公司、何学葵、华泰联合证券。2011 年 4 月，云南绿大地公司财务总监李鹏因信息披露违规被公安机关控制。2011 年 12 月，云南省官渡区人民法院一审判决：云南绿大地公司因犯欺诈发行股票罪，被判处罚金人民币 400 万元；何学葵、蒋凯西因犯欺诈发行股票罪，各判处有期徒刑三年、缓刑四年；庞明星、赵海丽、赵海艳犯欺诈发行股票罪，分别判处有期徒刑二年、缓刑三年，有期徒刑二年、缓刑三年，有期徒刑一年、缓刑二年。2012 年 1 月，云南省昆明市人民检察院抗诉认为，云南绿大地舞弊发行案一审判决确有错误，原审法院对舞弊发行股票罪部分量刑偏轻，应当认定被告单位及各被告人违规披露重要信息罪，且原审超级违法。

（二）云南绿大地公司财务舞弊的手段简析

1. 虚增资产

2004 年 2 月，云南绿大地公司在马龙县购买了 960 亩土地，为此支付了 955 万元的土地款，此宗土地交易虚增成本 900 余万元；2005 年 4 月，在马鸣乡购买土地 3 500 亩，为此支付了 3 360 万元的土地款，此宗土地交易虚增成本 3 190 余万元；2007 年一季度，马鸣乡基地土壤改良虚增价值 2 124 万元；2007 年 6 月，马龙县马鸣基地灌溉系统、灌溉管网价值多计 797 万元，马鸣基地围墙的固定资产价值 686.9 万元，平均每米围墙造价竟然高达 0.13 万元。总部所在地的外地坪、沟道作价 107.66 万元；2010 年一季度，固定资产虚增 5 983.67 万元。

2. 虚增收入

云南绿大地公司 2004—2007 年上半年累计营业收入为 6.26 亿元，公司虚增营业收入 2.96 亿元，在公司排名前 5 的大客户对营业收入与净利润增加贡献巨大，但公司上市后这些大客户却陆续注销；2007 年云南绿大地公司营业收入为 2.57 亿元，其中虚增营业收入 0.97 亿元；2008 年虚增营业收入 0.86 亿元；2009 年虚增营业收入 0.69 亿元。2009—2010 年，公司出现巨额销售退回，2010 年 4 月，云南绿大地公司确认了 2008 年度、2009 年度的苗木销售退回款分别为 0.23 亿元、1.58 亿元。

3. 现金流量异动频繁

云南绿大地公司 2010 年度 1—3 月合并现金流量表项目出现 26 项差错，数千万元与数亿元的差错分别为 8 项和 12 项；2010 年 4 月，云南绿大地公司对 2008 年销售退回实施差错更正，追溯调整减少 2008 年母公司及集团合并营业收入、营业成本分别为 2 348.52 万元和 1 194.74 万元；追溯调整增加 2008 年母公司及集团合并应付账款 1 153.78 万元，调减母公司及集团合并年初未分配利润、年初盈余公积分别为 1 038.40 万元、115.38 万元。

4. 高管频频变动

2008 年 10 月，云南绿大地公司改聘中和正信会计师事务所替代为其服务了 7 年的深圳市鹏城会计师事务所，2008 年中和正信的审计费用为 30 万元，审计意见为无保留意见；2009 年 11 月，绿大地改聘中审亚太会计师事务所为其审计机构，2009 年中审亚太审计费用为 50 万元，审计意见为保留意见；2011 年 1 月，云南绿大地公司改聘中准会计师事务所为其 2010 年审计机构，2010 年中准审计费用为 50 万元，审计意见为无法表示意见。云南绿大地公司上市 3 年三次变更审计机构，而且每次变更都在年报披露前夕，2011 年 1 月变更审计机构正是在何学葵持有的股票被公安机关冻结后。不断更换审计机构与财务经理，隐含公司存在更深层次的财务风险。

（三）公司内部控制漏洞分析

云南绿大地公司财务舞弊事件的发生有很多原因所导致，但从内部控制角度分析，主要有以下原因。

1. 控制环境分析

《企业内部控制基本规范》指出，控制环境是内部控制的基础，一般包括治理结构、机构设置、权责分配、内部审计、人力资源、企业文化 6 方面。云南绿大地公司在公司治理结构、人力资源等方面均有不同程度的问题。具体表现为：自从 2007 年上市以来，高管频繁变动。对比这几年公司高管人员变动情况可以发现：招股说明书上董事会成员为何学葵、赵国权、胡虹、蒋凯西、黎钢、钟佳富，3 名独立董事为普乐、谭焕珠、罗孝银。而到 2011 年 11 月，仅剩下独立董事谭焕珠 1 人仍留在公司，董事会成员几乎都是新面孔。监事会换血显得更为彻底，招股说明书上的监事会成员高中林、石廷富、王云川已全部换掉。2011 年 11 月中旬，监事会成员张健提出辞职，导致公司监事会成员人数少于法定人数。另外，在 2010 年这一年中公司三换财务总监：2010 年 5 月 70 日，蒋凯西被公司董事会免职，接任财务总监的是 2010 年 3 月以董事长助理职务进入云南绿大地公司的王跃光；2010 年 12 月 2 日，王跃光突然以个人原因提出辞去董事、常务副总及财务总监等全部职务，李鹏接替王跃光成为云南绿大地公司上市后的第三任财务总监。而李鹏因涉嫌违规披露、不披露重要信息罪，已于 2011 年 4 月 7 日被公安机关采取强制措施。从权力制衡的情况来看，2009 年之前公司一直未实现董事长和总经理的职务分离，一直由董事长何学葵兼任总经理。从 2010 年 4 月起，由于董事会秘书唐林明的辞职，使得董事会秘书由董事长兼任。公司董事会秘书一职长期缺位，严重影响了公司信息披露的规范运行。公司组织架构形同虚设，没有真正形成有效的治理结构，这就导致了企业经营决策失败。更让人忧心的是，云南绿大地公司没有建立完善的人力资源管理制度。

公司近几年高管人员频繁变动，这必然会影响公司制度执行的连贯性和有效性。公司中大专及以下学历的员工占了 73.24%，同时在实际生产过程中，使用了基地周边的农民工，但没有对他们进行培训。公司现有员工无论在专业背景、专业知识结构等方面，都难以支撑公司未来长远发展。

2. 风险评估方面

到 2011 年第三季度，云南绿大地公司流动比率约为 0.68，速动比率约为 0.24。公司目前的短期偿债能力不足，这不仅影响公司的信用，增加以后筹资的成本与难度，甚至会使公司陷入财务危机。

另外，公司的现金流量状况也让人担忧。2011 年第三季度，其经营活动现金净流量净额为 -3448 万元，现金及现金等价增加额为 -3 540 万元，主营业务利润率为 -12.47%。这说明公司现有的主营业务不能给公司带来源源不断的现金流，公司资金紧张，融资渠道狭窄，目前公司资金缺口大约为 3 亿元，可能出现资金链断裂的风险。另外，公司近年来经营业绩不佳，负面报道铺天盖地，公司高管频繁变换，这一系列事件的发生必然对公司员工的情绪产生影响。公司的员工没有归属感和凝聚力，技术人员辞职的现象频频发生。如果不能稳定技术人才，公司的研发和经营活动都会受到重大影响，也将会制约公司未来的发展。

3. 控制活动分析

控制活动是指有助于确保管理层的指令得以执行的政策和程序。云南绿大地公司在 2009 年亏损 1.51 亿元，而公司认为亏损的主要原因是云南百年不遇的干旱天气。诚然，恶劣天气对农产品的生长有影响，但是作为一家大型的上市公司，应有齐备的灌溉系统，有各种预防恶劣天气的措施。云南绿大地公司只是在主要基地配备了灌溉设施，对灌溉设施日后的检查、维修等工作也没有给予足够的重视。在一些交通方便的基地还可以看见管理人员，但是在车都很难开进去的基地里根本没有管理人员，公司可能几个月才派一个工作人员下去看一看，这反映了公司没能对苗木基地进行有效的管理和控制。另外，虽然公司制定了《全面预算管理制度》，但公司各部门在预算管理中存在预算松弛、预算目标与实际发生费用出入较大，以及预算审批严重滞后等问题。公司从 2007 年上市到现在，仅销售费用和管理费用每年呈直线上升趋势，但公司未对形成差异的原因进行有效的分析，缺少预算偏差的纠正措施，这也说明预算管理制度未能真正实现对公司目标的控制。根据云南绿大地公司有关资料显示，从 2009 年到 2011 年，其存货金额占流动资产的比率年年高居不下，2011 年 9 月 30 日存货占流动资产率为 65.07%。存货积压导致资金流短缺，加上农产品容易受到异常天气的影响，可能造成滞销和苗木死亡的情况，给公司造成巨大的经济损失。由此可以看出，公司没能对存货进行有效的管理和控制。

4. 信息与沟通分析

企业在生产经营过程中，要以适当的形式收集和传递信息，从而使员工更好地履行职责。但由于云南绿大地公司所处行业的特殊性，要实施办公自动化系统管理尚存在一定的难度，由此造成了各管理层、各部门以及员工与管理层之间信息传递不对称，日常数据的汇总统计不规范。云南绿大地公司 2010 年度审计报告指出：2010 年度，云南绿大地公司的"成都 198 工程项目"确认工程收入 36 196 305.78 元和成本 27 239 884.30 元，公司未能提供经建设方和监理方确认的完工进度和完整的工程合同预计总成本，且工程部所提供的已完工工程实际成本与财务部的相关记录不一致，财务部记录的成本比工程部多 276 954 779 元。我们无法实施满意的审计程序，以获取充分适当的审计程序对相关会计认定进行合理确认。一个公司的两个主要部门对同一项目的成本的记录竟然不一样，这说明公司的信息沟通系统存在较大问题。

5. 内部监督分析

内部监督要求企业对内部控制建立和实施情况进行监督检查，发现内部控制缺陷应该及时加以改进。云南绿大地公司虽然设立了内部审计部门，但这只是个形式，并未真正得到执行。现任财务总监李鹏是以前的内审负责人，公司的副总经理徐云葵现任内审负责人，这样的人员安排使内部审计的独立性和权威性大大降低，不能发挥监管作用。另外，监事会没有对公司董事、高管开展具体监督工作，也没有对公司的组织机构设置、职务分工的合理性和有效性进行控制。总之，公司的内部监督机制作用甚微。根据《公司法》规定，监事会和董事会是股东大会下的两个执行机构，监事会在地位上是与董事会平行的。对云南绿大地公司而言，监事会已经沦为董事会的下级机构。公司的公告显示，监事在会议上发言很简单，几乎没有进行过质询和讨论，监事会的法定监督作用没有得到充分发挥。

（四）案例启示建议

其实，云南绿大地公司事件只是中国资本市场中的一个个案，这种现象颇具普遍性。近年来企业造假严重，违规违法行为屡禁不止，造成这些现象的原因是多方面的，但是内部控制的缺失难辞其咎。中国很多企业只是空有内部控制的形式，却没有真正有效执行。从云南绿大地公司的案件中，我们至少可以得到以下启示。

1. 营造良好的内部控制环境

内部控制最重要的因素是"人"，因为它既是靠人去设计的，也是靠人去执行的。公司应充分认识到实行内部控制的必要性，所有员工应从思想上重视内部控制。管理者要提高自身的管理水平和管理思想，带头执行内部控制制度，不得干预和阻止正常的内部控制活动。针对目前公司人员变更频繁的现象，公司应完善人力资源管理制度，特别是激励约束机制，稳住现有的核心技术人员，同时招聘实践经验丰富的人才。对于缺乏实践经验的员工，公司应派其到基地去实践、锻炼，同时完善培训机制和考核机制，加强员工的向心力和凝聚力。另外，云南绿大地公司应加强诚信建设，把诚信渗透到企业的每一环节，以诚为本，重新树立企业形象。

2. 加强风险应对与控制措施

2010年，公司将业务重心调整为在稳定现有苗木的基础上，大力拓展绿化工程业务。但绿化工程项目在执行过程中，需要公司垫付大量的资金，而客户拖延支付或付款能力欠佳，导致应收账款发生坏账损失。因此，公司应加大催收应收账款的力度，同时积极盘活资产，拓宽融资渠道，解决流动资金不足的问题，以满足日常经营活动现金流的需要。另外，针对以前苗木种植靠天吃饭的状况，公司应强化苗木基地基础设施建设，降低苗木种植中由于自然因素带来的风险。

3. 切实加强内部监督

公司内部出现的一系列违法违规行为的主要原因是没有对那些行为进行有效的监督。因此，公司应建立重大决策集体审批制度，以杜绝管理者的独断专行。同时建立部门之间的相互牵制制度，以杜绝部门权力过大或集体徇私舞弊的现象。在内部监督的过程中，公司要加强审计委员会领导下的内部审计监督，赋予内审部门真正的权力，加强其权威性和独立性，使内部审计真正发挥作用，以帮助公司实现长远发展。

（一）公司简介

万科企业股份有限公司（以下简称"万科公司"）成立于 1984 年，1988 年进入房地产行业，经过三十余年的发展，已经成为全球最大的房地产公司。目前万科公司主营业务包括房地产开发和物业服务。万科公司聚焦城市圈带的发展战略，截至 2014 年年底，万科公司进入中国大陆 65 个城市，分布在以珠三角为核心的广深区域、以长三角为核心的上海区域、以环渤海为核心的北京区域以及由中西部中心城市组成的成都区域。此外，万科公司自 2013 年起开始尝试海外投资，目前已经进入新加坡、旧金山、纽约 3 个海外城市和中国的香港地区，参与 6 个房地产开发项目。2015 年 1—12 月，万科公司累计实现销售面积 2 067.1 万平方米，同比增长 14.43%；销售金额 2 614.7 亿元，同比增长 21.54%。万科公司物业服务业务以万科物业发展有限公司（以下简称"万科物业"）为主体展开。万科物业始终以提供一流水准的物业服务、做好建筑打理作为企业立命之本。截至 2015 年年底，万科公司物业服务覆盖中国大陆 72 个大中城市，服务项目 457 个，合同管理面积 10 340 万平方米。以理念奠基、视道德伦理重于商业利益，是万科公司的最大特色。万科公司认为，坚守价值底线、拒绝利益诱惑，坚持以专业能力从市场获取公平回报，是万科公司获得成功的基石。万科公司致力于通过规范、透明的企业文化和稳健、专注的发展模式，成为最受客户、最受投资者、最受员工欢迎，最受社会尊重的企业。1991 年，万科公司成为深圳证券交易所第二家上市公司。万科公司现有员工 13 000 余人。自创建以来，万科公司一贯主张"健康丰盛人生"，重视工作与生活的平衡；为员工提供可持续发展的空间和机会，鼓励员工和公司共同成长；倡导简单人际关系，致力于营造能充分发挥员工才干的工作氛围。

（二）事件回顾

2015 年 12 月初，一则"万科第一大股东易主"的消息开始在财经圈和媒体圈传播，成为 2015 年年末房地产行业和资本市场的一声惊雷。潮汕商人姚振华旗下的"宝能系"，通过旗下的钜盛华、前海人寿等"一致行动人"，前后动用了 400 多亿元现金，展开对万科股权的强力争夺。在二级市场，通过连续暴力举牌，一举超越此前万科公司的第一大股东华润集团。对于万科公司而言，这无疑是一场"地震"。面对宝能系对控股权的步步紧逼，2015 年 12 月 17 日，王石在北京发布言辞激烈的讲话，将宝能系称为"门口的野蛮人"，"万宝之争"资本大戏正式公演。12 月 18 日，万科公司紧急宣布停牌，声称公司正筹划股份发行，用于重大资产重组及收购资产。截至停牌之前，宝能系未曾停止在二级市场上增持的步伐，其在 2015 年 12 月 11 日持股比例达到 22.45%后，随后两日内再度增持万科公司 1.184 亿股，截至 12 月 15 日，其持有万科公司 25.994 亿股，占万科公司总股本的 23.52%。截至 12 月 22 日，宝能系持股万科 23.52%，华润、刘元生、万科工会委员会构成一致行动人，合计持股 21.19%，安邦保险持股 6.17%。

历史总是惊人的相似，21 年前惊心动魄的"君万之争"场景再现。彼时君安证券联合 4 家万科股东强势"逼宫"万科。万科公司紧急停牌三天，王石四处奔走，联合大股东，后来证监会查出了对手开"老鼠仓"的形迹，一举反击成功。面对咄咄逼人的宝能系发起的万科控股权争夺战，万科公司奋起反击。作为"92派"企业家和"世界第一大住宅企业"的领头人，王石的商界大佬地位毋庸置疑。作为集团的灵魂所在，即将迎来65岁的王石开始积极奔走，拜会国资委官员，紧锣密鼓地与各投资机构接触。王石透露，2015年7月10日，宝能系增持到万科5%的股权时，公司就已有所警觉。7月24日，宝能系增持至万科总股本的10%时，他曾与姚振华面谈过一次。当时王石直接表示，不欢迎姚振华成为第一大股东。王石随后采取了回购、事业合伙人、分拆物业上市等手段，然而未能阻止险资的节节进取。

而就在万科公司打出"停牌"狠招反击宝能系大规模收购之时，安邦保险成为决定两者胜负的"关键先生"。2015年12月22日晚间，港交所披露数据显示，安邦保险于12月17日、12月18日先后增持万科A股1.05亿股和2287万股，使其在万科公司的持股比例升至约6.17%，已经成为继宝能系、华润之后万科A股第三大股东。12月23日晚间，"引而不发"的安邦保险态度终于明朗，表示："看好万科发展前景，会积极支持万科发展，希望万科管理层、经营风格保持稳定。"安邦保险发布官方声明称："支持资本市场的优秀公司，我们所有人需要同心协力为中国发展尽心出力"。就在同一时间，万科公司亦公开声明："欢迎安邦保险成为万科重要股东，安邦保险在举牌万科后，万科与其进行了卓有成效的沟通。"双方声明一出，扭转了市场普遍认为安邦与宝能是一致行动人的看法。万科公司似乎稳住了局势，剩余50%的中小股东似乎成为左右结局的关键。错综复杂的各路资本，正渴望决定万科公司未来的命运。

完全没有股权保护架构的万科公司，就像一个衣不蔽体的女神，想要资本市场不去窥视你，不去洗劫你，是不太可能的。既使今天没有宝能，明天肯定会出现第二、第三、第四个"宝能"。

（三）万科公司治理结构分析

1. 股东大会与董事会、董事会下属的专门委员会的权责

作为最早上市的企业之一，万科公司很早就认识到公司治理机制在建立现代企业制度中所发挥的重要作用，并为形成规范化的运营体系付出了不懈的努力。秉持做简单而不是复杂，做透明而不是封闭，做规范而不是权谋的理念，按照《公司法》《证券法》等法律、行政法规、部门规章的要求，万科公司逐步建立了符合实际的公司组织制度和法人治理结构。股东大会、董事会、监事会分别按其职责行使决策权、执行权和监督权。董事会设立了审计、薪酬与提名、投资与决策三个专业委员会，以提高董事会运作效率。根据2005年修订的《公司法》和《证券法》，以及证监会2006年发布的《上市公司股东大会规则》《上市公司章程指引（2006年修订）》，结合自身实际情况，年内万科公司对《公司章程》进行了全面修改，以在新的法律法规的指导下进一步提高万科公司治理水平。2006年，随着董事会审计委员会、薪酬与提名委员会、投资与决策委员会的运作进一步深入，董事会的效率进一步提升。独立董事担任各个专业委员会的召集人，涉及专业委员会的决策首先要经过专业委员会通过然后才提交董事会审议，独立董事的作用进一步加强。

2. 股东大会

股东大会是公司的权力机构，由公司股东组成，所体现的是所有者对公司的最终所有权。按照万科公司《公司章程》的规定，股东大会依法行使下列职权：（1）决定公司经营方针和投资计划；（2）选举和更换董事，决定有关董事的报酬事项；（3）选举和更换由股东代表出任的监事，决定有关监事的报酬事项；（4）审议批准董事会的报告；（5）审议批准监事会的报告；（6）审

议批准公司的年度财务预算方案、决算方案；（7）审议批准公司的利润分配方案和弥补亏损方案；（8）对公司增加或者减少注册资本做出决议；（9）对公司发行、回购、赎回股票、债券及其他有价证券做出决议；（10）对公司合并、分立、解散和清算等事项做出决议；（11）修改公司章程；（12）对公司聘用、解聘会计师事务所做出决议；（13）审议批准变更募集资金用途事项；（14）对公司在一年内购买、出售、处置重大资产或者担保金额超过公司资产总额30%的事项做出决议；（15）审议公司及控股子公司的对外担保总额超过最近一期经审计净资产50%以后提供的任何担保，其中公司为购房客户提供按揭担保不包含在本章程所述的对外担保范畴之内；（16）审议公司对外担保中，为资产负债率超过70%的担保对象提供的担保；（17）审议单笔对外担保额超过公司最近一期经审计净资产10%的担保；（18）对公司股东、实际控制人及其关联方提供的担保；（19）审议批准公司股权激励计划；（20）审议法律、法规和公司章程规定应当由股东大会决定的其他事项。

3. 董事会

董事会由公司股东大会选举产生，对公司的发展目标和重大经营活动做出决策，维护出资人的权益。按照万科公司《公司章程》的规定，董事会行使下列职权：（1）负责召集股东大会，并向大会报告工作；（2）执行股东大会的决议；（3）决定公司的经营计划和投资方案；（4）制订公司的年度财务预算方案、决算方案；（5）制订公司的利润分配方案和弥补亏损方案；（6）制订公司增加或者减少注册资本、发行债券或其他证券及上市方案；（7）拟订公司重大收购、回购本公司股票或者合并、分立和解散方案；（8）在股东大会授权范围内，决定公司对外投资、收购出售资产、资产抵押、对外担保事项、委托理财等事项，应由董事会审批的对外担保，必须经出席董事会的三分之二以上的董事审议同意并做出决议；（9）决定公司内部管理机构的设置；（10）聘任或者解聘公司总经理、董事会秘书，根据总经理的提名，聘任或者解聘公司副总经理、财务负责人等高级管理人员，并决定其报酬事项和奖惩事项；（11）制定公司的基本管理制度；（12）制定公司章程的修改方案；（13）管理公司信息披露事项；（14）向股东大会提请聘请或更换为公司审计的会计师事务所；（15）听取公司总经理的工作汇报并检查经理的工作；（16）制订绩效评估奖励计划，其中涉及股权的奖励计划由董事会提交股东大会审议，不涉及股权的由董事会决定；（17）可以在股东大会召开前公开向股东征集投票权；（18）法律、法规或公司章程规定，以及股东大会授予的其他职权。董事会确定对外投资、收购出售资产、资产抵押、对外担保事项、委托理财的权限，建立严格的审查和决策程序；重大投资项目应当组织有关专家、专业人员进行评审，并报股东大会批准。

4. 董事会下属的专业委员会

董事会建立了审计、投资与决策、薪酬与提名三个专业委员会，以提高董事会运作效率。审计委员会负责审核公司的财务信息，组织和沟通外部、内部审计，审查公司内控制度等；投资与决策委员会负责战略规划、重大项目经营决策等；薪酬与提名委员会负责高管人员的选聘与考核、公司的薪酬与绩效等方面的事务。董事会11名董事中，有4名独立董事。独立董事担任各个专业委员会的召集人，涉及专业的事项首先经专业委员会通过然后才提交董事会审议，这样有力地促进了独立董事作用的发挥。

根据《公司章程》规定，万科公司设独立董事4人，其中至少一名为会计专业人士。独立董事应当忠实履行职务，维护公司利益，尤其要关注中小股东的合法权益不受损害。独立董事不得在其公司担任除董事以外的其他职务，不受公司主要股东、实际控制人或者与公司及其主要股东、实际控制人存在利害关系的单位或个人的影响。除《公司法》和其他相关法律、行政法规及公司章程赋予的董事职权外，根据万科公司《公司章程》的规定，独立董事还具有以下特别职权：（1）重大关联交易应由独立董事同意后，提交董事会讨论。独立董事作出判断前，可以聘请中介机构出具专业意见，作为其判断的依据；（2）公司聘用或解聘会计师事务所，应由独立董事同意后，提交董事会讨论；（3）向董事会提请召开临时股东大会；（4）提议召开董事会；（5）必要时独立聘请外部审计机构等专业机构，对公司的具体事项进行审计和咨询；（6）就股权激励计划是否有利于公司的持续发展，是否存在明显损害公司及全体股东利益发表独立意见，并就股权激励计划向所有的股东征集委托代理投票权；（7）就公司特定事项向董事会或股东大会发表独立意见。

为了体现董事会专业委员会的作用，由公司独立董事牵头的3个专业委员会年内召开了大量会议，认真探讨管理层提交的每一个议案，并对议案提出专业意见，使董事会的决策效率进一步提高。同时，独立董事和董事们在监事会的组织下，巡视了集团深圳、东莞、广州、武汉、天津、苏州、杭州等公司开发的项目，并重点了解了公司的风险控制系统、决策流程机制等，提醒管理层加强风险控制。

5. 公司总经理与其他高管人员的权力与责任

万科公司设总经理1名，由董事会聘任或解聘。总经理每届任期3年，总经理可以连聘。总经理对董事会负责，行使下列职权：（1）主持公司的生产经营管理工作，并向董事会报告工作；（2）组织实施董事会决议、公司年度计划和投资方案；（3）拟订公司内部管理机构设置方案；（4）拟订公司的基本管理制度；（5）制定公司的具体规章；（6）提请董事会聘任或者解聘公司副总经理、财务负责人；（7）聘任或者解聘除应由董事会聘任或者解聘以外的管理人员；（8）拟订公司职工的工资、福利、奖惩，决定公司职工的聘用和解聘；（9）提议召开董事会临时会议；（10）公司章程或董事会授予的其他职权。

6. 公司与控股股东存在"五分开"的情况

万科公司继续坚持与第一大股东华润股份有限公司及其关联企业在业务、人员、资产、机构、财务等方面完全分开，保证了公司具有独立、完整的业务及自主经营能力。

7. 公司高管的激励机制

万科公司实施以平衡计分卡为核心的组织绩效管理。根据平衡计分卡，高级管理人员的业绩考核在公司中长期发展战略目标的基础上，根据年度目标的达成情况来确定，分别从公司财务、客户、内部流程和员工学习与发展以及公司可持续发展等多个维度对万科公司的业绩进行评估。在各个维度，公司均建立了客观的组织绩效衡量指标。客户满意度和员工满意度数据均来自独立第三方调查。董事会薪酬与提名委员会负责研究并监督对公司高级管理人员的考核、激励、奖励机制的建立及实施。

（四）公司治理结构反思

（1）万科公司治理结构的第一个漏洞是公司创始人（王石）没有为自己保留公司的控制权。根据万科公司《公司章程》第十五条和第四十七条规定，万科股东是同股同权。创始人没有一票否决权，没有保留创始人1票等于别人20票的权力，拱手将公司的控制权交付给资本市场。

（2）万科公司治理结构的第二个漏洞是公司创始人丧失了对公司大部分董事的提名权。根据万科公司《公司章程》第九十七条和一百二十一条规定，万科公司董事由股东提名。股东可以随时更换董事，无论是否任期届满。万科公司创始人无法掌握公司董事会，丧失了对公司的实际控制权。

（3）万科公司治理结构的第三个漏洞是公司没有毒丸计划。其所谓的定向增发方案需要临时股东大会通过，也就是需要目前持股超过两成比例的宝能系同意，而且现金增发仅仅是为阻止恶意收购，不仅降低了每股收益（EPS），同时净资产收益率（ROE）也会下降，这样中小投资者则可能站在宝能系一边，阻止方案的通过。

慧球科技已成"混球"
公司治理岂能儿戏
案例八

（一）案例简介

1. 公司简介

公司原名北海通发实业股份有限公司，是经广西壮族自治区人民政府以"桂体改股字（1993）106 号"文批准，于 1993 年 11 月 28 日以定向募集方式设立的股份有限公司。1998 年 9 月 30 日经广西壮族自治区人民政府批准，公司更名为广西北生药业股份有限公司，2001 年 7 月 26 日，经中国证券监督管理委员会核准，公司在上海证券交易所上网定价发行人民币普通股 4 120 万股。2001 年 8 月 7 日，公司 4 532 万股社会公众股在上海证券交易所挂牌交易。2014 年 12 月 30 日，公司名称由"广西北生药业股份有限公司"变更为"广西慧球科技股份有限公司"。

2017 年 5 月 24 日，证监会公布了慧球科技等 7 宗信息披露违法违规案的处罚决定书，对慧球科技处以 240 万元罚款。匹凸匹鲜言因操纵"匹凸匹"股价案接到 34.7 亿元"史上最大罚单"后，再被罚 420 万元。同时，证监会处罚决定书还披露了慧球科技"奇葩议案"闹剧的来龙去脉。2017 年年初曾在资本市场轰动一时的"奇葩议案"在经历了短短几个月后便落下帷幕。在监管部门的迅速出击下，各个违法主体都付出了应有的代价，鲜言也已经被刑拘。

2. 案件回顾

2009 年 9 月，慧球科技进入破产重整程序，工商银行广西分行、瑞尔德嘉等债权人获得股权分配，成为慧球科技股东。工商银行广西分行、瑞尔德嘉等原债权人股东对公司重组等事宜享有知情权，并参与对重组对象的考察工作。

2014 年 3 月，慧球科技重组小组与斐讯技术董事长顾国平商定，由斐讯技术"借壳"慧球科技上市。此外，会议还商定由瑞尔德嘉等股东向顾国平或顾国平指定的第三方转让部分股权。

2014 年 12 月 29 日，顾国平通过指定的第三方中信证券持有慧球科技 3.8% 的股权，并通过与慧球科技股东及重组方的协商、协议安排，成为慧球科技实际控制人。然而，2014 年 12 月 31 日至 2016 年 1 月 8 日，慧球科技在 2014 年年报、2015 年半年报以及 12 份相关临时公告中均披露慧球科技不存在实际控制人。直到 2016 年 1 月 9 日，慧球科技才发布公告，宣布顾国平为公司控股股东、实际控制人。

紧接着，在资本市场底线频频游走的鲜言登场了。2016 年 4 月 26 日，鲜言与时任慧球科技的实际控制人顾国平会面商谈，达成股权转让意向。次日，按照商谈结果，根据鲜言安排，他实际控制的上海躬盛与顾国平签订《经营权和股份转让协议书》《表决权委托书》《借款协议》《股权转让备忘录》。《经营权和股份转让协议书》约定，顾国平将其与一致行动人持有的慧球科技经营权、股份及附属权益转让给上海躬盛，顾国平确保上海躬盛指定的人员在约定期限内成为慧球科技董事、监事，转让对价 7 亿元，分两次支付。《借款协议》约定，上海躬盛向顾国平提供 1 亿元人民币借款。当然，鲜言的真金白银不可能是白白投入慧球科技，上述系列协议的签订实际上开启了慧球控制权的博弈。《股权转让备忘录》约定，如果顾国平在 2016 年 8 月 1 日前完成对斐讯通信的重组，顾国平向上海躬盛支付 15 亿元人民币，上海躬盛与顾国平签订的股权转让协议解除，上海躬盛全面退出斐讯通信和慧球科技管理。如果顾国平未能重组成功和支付约定的 15 亿元款项，顾国平需全面配合上海钷盛完成包含但不限于慧球科技法人、监事会、董事会、公司章程等实质变更及过户手续。

在上述合约签订后，鲜言很快分两笔向顾国平转了 4 亿元。同时，顾国平开始向上海钷盛移交慧球科技印鉴、证照、财务资料、人力资源部章、劳动合同专用章等。2016 年 5 月 9 日，顾国平一方的董事、独董出现辞职潮，鲜言一方人员开始洗牌董事会。调查人员发现，实际上，鲜言不晚于2016 年 7 月 18 日就成了慧球科技实际控制人。然而，2016 年 7 月 20 日，慧球科技公告称实际控制人仍为顾国平。同年 8 月 29 日，慧球科技披露的半年度报告仍称实际控制人未发生变化。

故事并没有像鲜言想象的那样进展。就在他刚刚成为实际控制人不久，2016 年 7 月 21 日开始，深圳一家名叫瑞莱嘉誉的公司"闯入"，持续买入慧球科技股票，截至 10 月 10 日，瑞莱嘉誉持股10.98%，成为慧球科技第一大股东。但由于瑞莱嘉誉并未及时改组慧球科技董事会，慧球科技仍由鲜言实际控制。在瑞莱嘉誉不断增持的过程中，鲜言感觉到了极大的威胁。为了延缓瑞莱嘉誉召开临时股东大会，"保卫"自己的控制权，鲜言最终在 2017 年年初炮制了 1001 项"奇葩议案"。

来来往往的资金方，不断更换的董事会，遥遥无期的重组预期，公司发展前景渺茫。无视上市公司的基本义务，公然叫板监管机构，慧球科技的行为让人匪夷所思。

（二）慧球科技公司治理"四宗罪"

1. 公司信息披露失控

2016 年 8 月 18 日，上海证券交易所（以下简称"上交所"）对慧球科技股票实施停牌。这是自8 月 8 日暂停慧球科技的信息披露直通车业务资格之后的又一记重拳。上交所方面指出，慧球科技的信息披露已处于失控状态，公司信息披露管理存在重大缺陷，这种情况在资本市场极为罕见。慧球科技的这种"罕见"状态表现在多个方面：慧球科技多次未按规定和监管要求履行信息披露义务，公司董事会秘书、证券事务代表均不具备任职资格，董事长也不能与上交所保持有效联系，上交所表示已失去关于公司的有效信息来源；就市场广泛质疑的公司实际控制人情况，经多次监管督促，慧球科技仍未予以核实并披露；8 月 17 日，慧球科技拒绝按照上交所公司监管部门要求补充披露购买房屋资产公告中的相关事项，并在尚未对外披露的情况下全文泄露公告内容。

2. 频繁变动的董事会

慧球科技前董事长顾国平表示，其已于 2016 年 5 月退出慧球科技，不再是慧球科技的实际控制人。然而慧球科技在 8 月 8 日针对上交所问询函的回复中仍声称，公司实际控制人未发生变更，顾国平仍可以对公司决策形成实质性控制。2016 年 5 月，慧球科技非独立董事王忠华、张凌兴、独立董事花炳灿相继提出辞职。该公司董事会提名董文亮、温利华为第八届董事会非独立董事候选人，提名刘光如为独立董事候选人，并获股东大会审议通过；在最近的第八届董事会第三十次会议上，该公司又提名王书亚为独立董事。而王书亚曾为匹凸匹的独立董事。慧球科技在宣布聘用鲜言证券事务代表的同时，其原公司证券事务代表陆俊安则被聘用为董事会秘书。而据上述已离职的高管透露，陆俊安也曾任职于匹凸匹。"鲜言已经买下了慧球科技的壳。"上述已离职的高管表示，猜测是在之前换董事会成员、聘用陆俊安为证券事务代表之时交易的。如此混乱的董事会局面，给公司带来了发展隐患，也让投资者感到不安。

3. 重大资产重组不规范

2014 年 7 月，慧球科技发布定增方案，不过，此次定增以失败而告终。2015 年 8 月，证监会公告慧球科技的定增方案未获通过。不予通过的理由主要包括：非公开发行预案中未明确披露用于补充智慧城市营运资金的具体项目和对应金额，相关项目均在审议本次非公开发行预案的临时股东大会后签署，信息披露不规范。此前，上交所已在问询函中指出，公司智慧城市的合同绝大部分尚在前期筹备或执行过程中，未有实际投入项目。事实上，在 2008 年 2 月至 2014 年的 6 年半时间里，股权高度分散的慧球科技先后公告了 6 次重组计划，均因种种原因未能成行。停牌期间，慧球科技也对资产重组进行了多方努力。由于无法就交易内容、方案及条款等实质性内容达成一致意见，公司决定终止与上海斐讯之间的重大资产重组。随后，慧球科技又与上海远御及其实际控制人姚上宝就重大资产重组相关事项进行接洽。同样，因公司与姚上宝未能就交易标的价款、交易方式等相关核心问题达成一致意见，公司决定终止与上海远御之间的重大资产重组。但是，此次重组仍是一场闹剧。根据财务顾问核查意见，在重组过程中，相关方资料提供不及时、不充分，财务顾问外部走访未能得到配合，尽职调查工作受限。几场"重组风波"，让慧球科技的发展前景一片茫然。

4. 无视上市公司治理规则

2017 年 1 月 3—4 日，慧球科技两次尝试向上交所申请披露"奇葩议案"，都未通过。上交所在 1 月 3 日的监管函中指出，慧球科技股东大会的通知中，议案数量极大，诸多议案前后交叉矛盾，逻辑极其混乱。正道不通，鲜言指使董事会秘书走起了旁门左道，将"奇葩议案"通过一家网站——东方财富股吧对社会公开，引起市场哗然。

证监会行政处罚决定书认定，慧球科技上述议案的提出严重违反了《中华人民共和国宪法》《公司法》《证券法》的规定，《上市公司信息披露管理办法》规定信息披露范围应当为可能对上市公司股票交易价格产生较大影响的重大事件。任何上市公司都不得打着信息披露的幌子发布违背法律规定、破坏社会道德的内容，不得无视法律规定，突破社会主义道德底线，挑战监管权威。在申辩材料中，鲜言为自己辩称，指使、组织发布"1001 项议案"，并未意图挑战监管权威，只是为了延缓瑞莱嘉誉临时董事会的召开。但处罚决定书认为，违法目的并不影响对鲜言的责任认定，不能免除鲜言作为实际控制人及直接负责人应当承担的责任。除鲜言外，顾国平等其他 14 名当事人也受到处罚，顾国平被罚 180 万元。此外，顾国平等 6 名当事人被采取市场禁入措施，其中 4 人为终身市场禁入。鲜言此前因操纵"匹凸匹"股价，已被证监会采取终身市场禁入措施。

（三）案例启示

慧球科技案例之"罕见"，在于公司以其主观的故意、恶劣的影响、粗糙的手段别开生面地刷新了市场对于公司治理混乱、信息披露"失灵"的认知，若不动用从重、从快、从严的监管手段将其扼杀在萌芽状态，或将被无数蠢蠢欲动的牟利者效仿。慧球科技展现了一种极端的疯狂：作为市场基石的上市公司信息披露义务在其眼中已名存实亡，如若放任自流，必将危及 A 股市场信息披露制度的基础，亦将动摇整个资本市场的根基。

目前规则所称的"重大信息披露违法"，主要是指上市公司因信息披露文件存在虚假记载、误导性陈述或者重大遗漏，受到证监会行政处罚，并且在行政处罚决定书中被认定构成重大违法行为，或者因涉嫌违规披露、不披露重要信息罪被依法移送公安机关的情形。然而，对于慧球科技这类信息披露义务已"名存实亡"的公司，其约束力和针对性并不十分明显。但这种"真空"并不合理。上市公司遵守信息披露制度，是身为公众公司的根本义务之一，是与投资者之间契约的体现，是投资者进行正常股票交易的基础所在，若是连基本义务都不愿履行、这点契约精神都不具备，上述基础就不复存在，所谓的上市公司又有何资格保留"上市"身份？

而在执法层面，当相关违规情况发生，除了上交所主要依照《股票上市规则》对公司进行停牌、处以风险警示，并按照自律监管办法对相关责任方进行处分或者采取监管措施外，证券行政监管部门是否能快速反应，展开现场调查，必要时是否可以立案稽查，甚至在达到一定条件时移送司法机关，以对症下药，触及违法者的利益痛点，起到有效遏制此类蓄意违规行为，从而阻止不良之风蔓延。

（一）案例简介

1. 公司介绍

黑龙江省北大荒农业股份有限公司（以下简称"北大荒"）成立于 1998 年 11 月 27 日，是由国家经济贸易委员会批准、黑龙江北大荒农垦集团总公司独家发起设立的股份有限公司。2002 年 3 月，北大荒在上海证券交易所正式上市，A 股主板发行 30 000 万股股票，股票名称为北大荒，股票代码是 600598。北大荒已经发展成为一家以农业为核心，产业涵盖工业、经贸流通业、建筑工程业、金融产业等板块的综合型上市公司。主营业务包括：水稻、小麦、大豆、玉米等粮食作物的生产、精深加工、销售；尿素的生产、销售；与种植业生产及农产品加工相关的技术、信息及服务体系的开发、咨询及运营。经营本企业自产产品及相关技术的出口业务；经营本企业生产科研所需的原辅材料、机械设备、仪器仪表、零配件及相关技术的进口业务；经营本企业的进料加工和"三来一补"业务。生产尿素、二氧化碳、液氨、氧气、液氧、液氮、甲醇、复合肥生产销售、化肥零售（以上项目仅限分支机构经营），农药经营（限分支机构凭许可证、按照直供的原则经营）。房地产开发、房屋建筑、市政工程、水利工程总承包及机电设备、金属门窗、建筑装修、建筑幕墙、钢结构专业承包；房屋租赁、设备租赁。现任董事长刘长友，总经理贺天元。共有董事 3 人，独立董事 5 人，监事会主席 1 人，监事 2 人；截至 2014 年年末，在职员工共计 33 000 人，下设办公室、人力资源部等 13 个职能部门。

2. 行业分析

北大荒属于农业种植业，肩负着稳定国家局面、向人民提供食粮的重担。"十二五"规划中种植业发展的目标是：确保粮食基本自给、力争食用植物油自给率稳定在 40%、力争棉糖基本满足国内消费需求、力争蔬菜稳定供应。

"十二五"规划给农业种植业提出的主要任务包括：

（1）稳定发展粮食生产，确保粮食安全；

（2）稳定发展工业原料和园艺作物生产，保障农产品有效供给；

（3）加快构建现代种业体系，确保供种数量和质量安全；

（4）切实转变发展方式，提高资源利用率和土地产出率；

（5）强化风险防范和应急管理能力建设。

从宏观环境看，农业一直是国民经济发展和社会稳定的基础性产业，2004 年以来国家从政策层面对农业工作给予了大力支持；从区域层面上，黑龙江省《两大平原现代农业综合配套改革先行先试方案》的出台，使黑龙江垦区农业引领地位得以进一步巩固。因此，公司农业板块正处于良好的战略发展机遇期。2014 年是公司农业生产再创辉煌的一年，近年来公司在强基础、重管理、上科技方面的投入效果得以全面彰显。

3. 北大荒内部控制建设历程

从 2006 年国资委发布《中央企业全面风险管理指引》以来，北大荒就逐渐开展了企业内部控制及风险管理工作。2010年8月公司成立了北大荒风险控制部，旨在组织公司内部控制的建设及具体实施工作。紧接着，2010年12月公司成立了风险控制管理委员会，全面负责组织公司内部控制的建立实施和内部控制自我评价工作。2010年年年底，北大荒启动内部控制体系建设专项工作，聘请专业管理咨询机构对公司的内部控制现状进行诊断，并对公司的内部控制体系建设给予重要指导。

在专家参与的基础上，北大荒针对公司的组织结构设置、高管职位说明书、部门职能、岗位职责编制了《公司总部岗位职责说明书》；同时北大荒还依据国家五部委《基本规范》和《配套指引》的要求，编写了《发展战略管理制度》《人力资源管理办法》等46个制度；依据各职能部门，梳理编写了财务报告与披露管理、资产管理等73个管理流程，流程基本覆盖了公司的各项业务；加上董事会原有的9个制度，共同形成了《黑龙江北大荒农业股份有限公司内部控制手册》（以下简称"《内部控制手册》"），《内部控制手册》主要由岗位职责说明书、内控管理制度、业务流程三部分组成。北大荒将上述《内部控制手册》的要求传达到公司各职能部门及下属单位，并要求自2012年1月1日起按照《内部控制手册》开展内部控制规范体系建设。

为了让内部控制规范体系建设工作在2012年得到具体落实，北大荒编制了《2012年内部控制规范体系建设实施工作方案》（以下简称"《内部建设工作方案》"）；同时为了加强公司及分、子公司风险管理与内部控制工作，北大荒下发《2012年度风险控制工作要点》，指导分、子公司有重点地开展内控工作。

《内部控制手册》及《内控建设工作方案》是北大荒近年来内部控制工作的重要成果，也是北大荒开展内部控制体系建设的指导文件。北大荒以《中华人民共和国会计法》《企业会计准则》《企业内部控制基本规范》《企业内部控制配套指引》以及监管部门的相关规范性文件为依据，建立财务报告内部控制机制。

（二）北大荒内部控制问题暴露

北大荒公司治理及内部控制漏洞最早暴露于2012年下半年。在北大荒2012年半年报中显示，公司上半年其他应收款7.63亿元，而其中子公司参股方哈尔滨乔仕房地产开发有限公司就占了5亿元，并且这笔5亿元的关联款并未及时进行披露。

2015年5月，上交所对北大荒进行调查。2012年11月27日，上交所对北大荒以及公司董事、总经理丁晓枫进行公开谴责，理由是北大荒进行金额巨大资金拆借且未及时进行披露。上交所表示，北大荒2012年9月12日才披露其自2011年8月至2012年1月累计对外拆借的9.762 5亿元资金，而该笔资金已经达到2010年年年未经审计净资产的17.31%。这其中由公司董事、总经理丁晓枫审批的就达到6.023 5亿元之多；2012年10月26日，北大荒才发表公告称，公司应于2012年12月31日前收回的3.23亿元拆借资金中，有2.35亿元的拆借资金存在还款逾期的可能。至此，"北大荒违规拆借10亿元资金"的消息被传得沸沸扬扬。

2013年4月23日，北大荒发布了《2012年内部控制自我评价报告》，并认为报告期内公司内部控制设计总体是有效的，但在内部控制执行上存在重要缺陷。北大荒对其财务及非财务方面的内部控制情况，特别是重大缺陷的情况做出了披露，其披露的重大、重要缺陷主要包括信息披露不及时、大额资金审批不规范，以及缺乏发展战略、岗位职责不明确等。对此，中瑞岳华会计师事务所在4月27日对北大荒2012年内部控制实施情况出具了否定意见的审计报告，而信永中和会计师事务所也对北大荒2012年年报出具了非标准保留意见的审计报告。中瑞岳华会计师事务所在其审计报告中指出：北大荒及其子公司的管理层存在逾越管理权限审批资金的行为，北大荒也未能对子公司实施有效地控制；同时，北大荒未定期核对往来款项、未对资产定期减值测试、部分票据未能依法取得涉税凭证，导致不能准确计缴税金。审计报告还指出在非财务方面存在的主要缺陷：北大荒及其部分子公司的公司治理机制不完善，多个职能部门未能有效运作；重大信息内部报告制度未能有效执行，导致未能及时履行信息披露义务。报告还称，北大荒及其子公司管理层在报告期内存在逾越管理权限审批使用资金的行为，按照相关规定，拆借资金、对外提供财务资助超过总经理的审批权限，应提交董事会审批，但管理层未将该事项提交董事会审议；存在人为拆分同类交易，逾越内部控制的行为；借款金额大，应履行而未履行总经理办公会集体决策程序。其中，北大荒子公司黑龙江黛旸投资管理有限公司向哈尔滨乔仕房地产开发有限公司提供拆借款5亿元，其中1.9亿元被该公司挪用，按合同约定有1.6亿元逾期未收回；子公司北大荒龙垦麦芽有限公司向哈尔滨中青房地产开发有限公司等四家房地产公司提供借款1.94亿元，其中1.48亿元逾期未收回；子公司北大荒鑫亚经贸有限公司被黑龙江省鸡东县忠旺粮库占用资金2394万元未收回；子公司北大荒龙垦麦芽有限公司通过关联方黑龙江省二九一农场向秦皇岛弘企房地产开发有限公司拆借资金2000万元。北大荒共涉及违反相关规定使用的金额近7.4亿元，其中有超过3.3亿元逾期未收回。2012年年报列示，北大荒报告期内资产减值损失同比增加5.05亿元，主要原因本公司对收回有困难房地产拆借资金计提了大额的减值准备，以及鑫亚公司压缩贸易规模对往来款项及存货进行清查而计提了大额减值准备所致。

北大荒在2013年4月25日披露的《2012年内部控制自我评价报告》中称，虽然公司已经建立了内部控制体系，但鉴于此次评价过程发现的缺陷，董事会认为，2012年公司内部控制执行的有效性不足，未能按照《企业内部控制基本规范》和相关规定在所有方面保持有效的内部控制，未能完全实现内部控制的目标。

瑞华会计师事务所对北大荒2013年年报出具的审计报告中，对三项涉及总金额高达5.04亿元的事项出具了保留意见。审计报告称，北大荒控股子公司黑龙江省北大荒米业集团股份有限公司（以下简称"米业公司"）的期末存货中有36 968.70万元未见实物；米业公司期末固定资产中有账面价值4 844.23万元未见实物；米业公司年末应收款项余额中，有8 574.88万元未能取得对方单位的确认。对于上述保留意见，北大荒在年报中解释称，年末存货盘点过程中会受到计量精度和丈量幅度偏差的影响而对存货的实际存量产生波动，公司正在对期末存货盘点差异进行核对，查找原因。北大荒监事会则表示，该非标准—保留意见的审计报告总体客观、恰当，基本反映了公司的财务状况，解释了公司的财务风险，对审计报告无异议。

（三）北大荒内部控制问题分析

北大荒内部控制在设计和运行两个层面均存在重大缺陷，缺乏发展战略、制度建设不完善是其设计层面的缺陷，而在授权审批、公司治理和制度执行方面的不足是内部控制运行层面缺陷的体现。我国《企业内部控制基本规范》（以下简称"《基本规范》"）在COSO报告5要素的基础上，借鉴了风险管理8要素的部分内容，结合中国实际提出了内部环境是基础、风险评估是依据、控制活动是手段、信息与沟通是载体、内部监督是保证的5要素内部控制框架。针对北大荒2012年内部控制的缺失情况，下面就根据《基本规范》的5要素框架来进行详细的分析。

1. 内部环境层面

（1）公司治理结构不健全，总经理办公会会议机制落实不到位。总经理办公会是就企业日常经营生产等重要事项进行商议和决策的过程，出席人数过少导致难以采集和吸纳管理层的意见，不符合集体决策的原则，也就不能做出合理有效的生产经营决策。经理层集体决策机制落实不到位，容易导致企业决策只体现个别管理者的判断上，管理者为了个人利益，有可能做出不利于企业发展的决策，同时也违反了"三重一大"决策制度的规定，即重大问题决策、重要干部任免、重大项目投资、大额资金的使用，必须经集体讨论做出决定。

（2）岗位职责不明确，履行不到位。北大荒编制的《岗位职责说明书》仅对财务部和审计部的员工有具体的胜任资格要求，对于其他岗位均未做出"从业经验""技能技巧"等方面的定性和定量描述。《基本规范》强调，应使全体员工明确企业内部结构设置，明确权责分配，正确行使职责。岗位职责不明确，容易导致因员工失职给企业带来的损失，是企业内部控制环境的重要方面。北大荒为了更好地推动公司多元化发展，特设置了农业生产部、工业部和经贸流通部三个部门，对总部及下属子公司不同归口的业务进行管理，但在评价期内，以上三部门未充分履行其归口管理职责。虽然北大荒制定了《关键岗位轮换制度》以及相关人力资源制度，但都未在实质上进行实施。

2．风险评估层面

（1）缺少风险识别能力，主营业务竞争力减弱，多元化明显。北大荒由最初的农业种植业逐渐扩大业务范围，不断涉足工业、贸易、房地产、金融等业务，由于缺乏对新领域的风险把握和经验积累，导致经营业绩不佳，北大荒产生巨额亏损，多次陷入退市风险。

（2）子公司重大经营决策未履行审批程序。2012年，北大荒被曝光存在的近10亿元的违规拆借资金中，由公司董事、总经理丁晓枫审批的就有6.023 5亿元之多。对于重大生产经营决策，应该通过董事会或股东会的形式进行集体决策，而北大荒在执行过程中未履行审批程序，可能会给企业带来重大风险。

（3）对子公司的资金营运缺乏管控。在北大荒的内部控制自我评价报告中显示，北大荒及其子公司存在对外提供借款未实施有效管控的情况，北大荒针对向子公司发放的借款超过期限的，没有资金收回计划，也未采取有效的资金催收措施，对于未签订合同的借款，资金收回困难。北大荒对于本公司及各子公司资金管理混乱，这极大地增加了资金损失风险。

3．控制活动层面

（1）大额资金及关联交易授权审批控制缺失。北大荒在2012年10月发布的公告中披露，在违规拆借的9.762 5亿元中，有6.023 5亿元的资金是由公司董事、总经理丁晓峰分多次审批的，北大荒还人为地拆分了同类型交易，企图绕过内部控制。对于这些金额较大的借款，应该履行总经理办公会集体决策程序，实际却未执行，可见北大荒资金管理相当混乱。北大荒担保公司向北大荒控股股东北大荒集团下属公司格球山农场提供担保1 100万元，未按北大荒《关联交易管理办法》履行审批程序，也未对外披露，此举很可能给企业带来经济损失，而且也会令公司面临监管机构的处罚。

（2）缺少财产保护制度。2012年年底，北大荒对难收回的房地产借款计提了大额减值准备，鑫亚公司压缩贸易规模对往来款项及存货进行清查，计提了大额减值准备，北大荒在报告期内的资产减值损失同比增加了5.05亿元。另外，在鑫亚经贸借给乔仕房地产开发有限公司计划用于投资哈尔滨齿轮路与城乡路交口地段的棚户区改造项目和道里区中央大街西十二道街项目的5亿元中，其中1.9亿元未得到哈尔滨市道里区政府棚户区改造领导小组办公室的确认。同时，北大荒龙垦麦芽有限公司对拆借资金开发的4个房地产项目的应收账款计提了6 156万元的减值准备，占应收账款余额 19 375 万元的 31.8%。除此之外，北大荒有 6 315 万元的预付账款和其他应收账款未能取得对方单位的回函，2 981 万元的应交增值税进项税额并没有取得增值税专用发票，未来能否抵扣存在不确定性。

《基本规范》第三十二条规定：财产保护控制要求企业建立财产日常管理制度和定期清查制度，采取财产记录、实物保管、定期盘点、账实核对等措施，确保财产安全。北大荒没有对应收账款进行及时有效的管理，对合法票据的取得也置若惘然，企业财产面临巨大风险。

（3）预算控制不足。北大荒的各分、子公司只是通过其财务报表系统上报财务预算执行情况的统计数据，并没有对预算执行情况进行分析和上报，使得总公司无法对各分、子公司的预算执行情况进行分析和总结，更无法对预算差异采取有效的管理措施。这构成了非财务报告内部控制的重要缺陷，不利于实现年度预算目标。

4. 信息与沟通层面

（1）2012 年，北大荒发生了以下没有履行信息披露义务的重大事件。

2012 年，龙垦麦芽分两次通过关联方二九一农场借给秦皇岛弘企房地产开发有限公司 2 000 万元的款项，未及时披露；

2012 年 1 月—8 月，北大荒集团借给黑龙江北大荒投资担保公司 8 000 万元的款项，未及时披露；

2011 年 5 月—2012 年 8 月，担保公司向北大荒集团的下属单位格球山农场提供了 1 100 万元的担保，未及时披露；

鑫亚经贸子公司岱肠投资管理有限公司向乔仕房地产借款 50 000 万元，未披露；

龙垦麦芽向中青等 4 家房地产企业借款 19 375 万元，未披露。

证券市场监管部门要求对这些事项进行及时的披露，但北大荒没有进行披露，这将会导致公司受到证监会和交易所的处罚。这不仅会对北大荒的名誉造成重大损害，而且还可能误导投资者。

（2）重大信息内部报告制度未有效执行。北大荒《重大信息内部报告制度》要求公司各部门及分、子公司负责人要及时报告所在单位发生的重大事项，但在评价过程中发现分、子公司发生的计提大额资产减值准备、对外担保、关联交易、委托理财、对外借款、重大经营变化等重大事项均没有向公司董事会秘书和董事会工作部进行报告。这使得总公司不能及时准确地掌握各分、子公司的情况，导致北大荒无法及时准确披露相关信息。

5. 内部监督层面

虽然北大荒根据《基本规范》和《配套指引》编写了《组织架构管理制度》《子公司管理办法》等文件，以及《黑龙江北大荒农业股份有限公司内部控制手册》，制度比较全面，但是内控监督却不深入。对子公司以及资金营运监控不足，董事会形同虚设，缺少对高层管理人员的监督。北大荒董秘史晓丹曾说，巨额资金虽未经董事会审批，但由总经理丁晓枫口头批准。由此可见，北大荒内控监督确实有待加强。

（四）内部控制治理建议

1. 完善内控环境

北大荒应当按照《公司法》的要求，结合公司实际情况，建立规范的法人治理结构和议事规则；强化岗位责任制的实施力度，根据自身业务特点设置部门和岗位，合理协调企业内部组织结构，充分发挥员工个人的能动性，明确每个部门及岗位的职责权限，将责任落实到具体责任单位和个人；

落实人力资源政策，提高员工素质，在选人的环节把职业道德修养和专业胜任能力作为聘用的标准，在用人的过程中注重员工的技能培训和继续教育，做到"严进严管"，最终提高企业员工的素质；使内控成为企业文化的一部分，加强企业文化建设，增强员工的工作热情和团队的凝聚力，增强员工对于企业的认同感。

2. 加强风险评估体系建设

提高风险识别意识，关注公司面临的内、外部环境，加强风险的识别和判断能力，只有在正确地识别风险的前提下，才能进一步对风险进行评估和应对，所以目前对于北大荒风险评估工作而言，最重要的是要提高风险识别意识；制定并严格执行风险评估程序，明确企业发展战略，强化主营业务，避免盲目投资。

3. 落实内控措施

建立与授权审批制度相配套的资金支出管理流程，编制日常授权指引，同时规范特别授权的范围、程序和职责，既要保证在日常经营管理中按照既定职责和程序履行授权资金审批，又要保证特定情况下授权的进行；执行财产保护控制，严格应收账款的管理，对于逾期账款，实行与员工奖金挂钩的办法，加快应收账款的收回，以减少对企业造成的损失；加强预算控制，定期和不定期地开展对下属企业的财务稽核，实现对预算制度和预算贯彻执行情况的过程审计和监督，强化事前预防和事中控制，使经营管理有章可循。在预算的执行过程中，也要加强资金收付业务的控制，严格执行预算考核制度。

4. 及时进行信息沟通与披露

建立有效的信息管理系统，不仅应该重视获得信息，还应该保证信息的有效传递，保证信息在企业内部和外部有序的流动，保证信息能够自上而下、自下而上地贯穿于整个企业；加强企业内、外部沟通，不仅将内部控制相关信息在企业内部各管理层级、责任单位之间进行沟通和反馈，而且要与外部投资者、债权人、客户、供应商、监督机构等进行沟通反馈；保证信息披露及时准确，成立信息披露小组，并明确披露小组的成员构成与职责分配。

5. 建立有效的监督机制

企业内部控制是一个动态的过程，管理者需要随时监控内部控制运营情况，采取适当措施。内部监督是在不影响企业正常经营管理的情况下，对企业内控活动进行合理评价，及时纠正错误，弥补缺陷，反馈信息。

沃尔玛内控之道

（一）案例简介

沃尔玛百货有限公司（以下简称"沃尔玛"）由美国零售业的传奇人物山姆·沃尔顿先生于 1962 年在阿肯色州建立。经过四十多年的发展，沃尔玛已经成为美国最大的私人雇主和世界上最大的连锁零售商。沃尔玛 2010 财政年度销售额达到 4 050 亿美元，是世界上雇员最多的企业，其全球员工总数超过 210 万人。沃尔玛带领行业致力于可持续发展、企业慈善以及提供就业机会，在 2009 年《财富》杂志组织的最受尊敬的公司调查中，沃尔玛在所有零售商中名列首位。沃尔玛 1996 年进入中国，在深圳开设了第一家沃尔玛购物广场和山姆会员商店。经过十多年的发展，沃尔玛在我国各大城市开设了一百多家商场，创造了超过 100 000 个就业机会。

零售业的竞争是激烈的，在 2014 年 12 月 11 日，海外媒体称，沃尔玛将关闭约 30%的中国门店。2014 年 12 月，沃尔玛对中国区管理层通过重组进行了裁员。但是得益于其完善的内部控制，公司进行了相应的调整，在 2017 年 6 月 7 日发布的 2017 年《财富》美国 500 强排行榜中，沃尔玛连续第五年蝉联榜首。

沃尔玛成功的原因是多方面的，其中完善的内部控制体系是主要的原因之一。

（二）沃尔玛内部控制 5 要素分析

1. 内部环境分析

（1）组织架构

沃尔玛使用的是 U 形与 M 形结构相结合的组织结构。

沃尔玛的门店虽然遍布全球，但其通过清晰的责任配置，使得每家分店都在公司的监控之下。具体来说，每家分店由 1 位经理和至少 2 位助理经理经营管理，经理负责整个分店的运营，助理经理则分别负责耐用商品和非耐用商品的管理，他们领导着约 36 个商品部门经理；分店经理向地区经理汇报工作，每位地区经理负责约 12 家分店；地区经理向区域副总裁汇报工作，每位副总裁下设 3～4 位地区经理；区域副总裁向公司执行副总裁汇报工作，另外还有 2 位高级副总裁分别负责新店发展和公司财务。各区域副总裁是核心，他们负责整个公司的沟通和运营管理。虽然沃尔玛的商业规模早已今非昔比，但这一监控机制基本上与初建时一样简单、精炼和有效。

（2）发展战略

沃尔玛的战略标志是：天天低价，商品的选择范围宽广，较大比例的名牌商品，使顾客感到友善而温馨的商店环境，较低的营业成本，创新性的市场营销，以及优良的售后服务保证。每一家沃尔玛商店的外面都用大字母传递着这样的信息："永远的低价，永远！"沃尔玛还向他的顾客灌输这样一种观念："竞争者在当地做出任何广告，我们都将对之做出反应！"沃尔玛的低价战略有着明确的实施步骤。沃尔玛处处精打细算，以降低成本和各项费用支出。一是"苛刻地挑选供应商，顽强地讨价还价"，以尽可能低的价位向制造商直接采购。二是实现采购本地化，这样既节约了成本，又适应了当地顾客的消费习惯。在中国，沃尔玛销售的 95%的商品都是"中国制造"。三是讲究精简实用。例如，新店开业不追求豪华装潢，也不做广告宣传；办公费用（包括总公司和地区经理们的薪资、办公室的开支以及配送中心和计算机系统的投入）只允许占营业额的 2%。四是通过"点子大王"的传统，激励员工不断向管理层提供节省费用的点子。

（3）人力资源

第一是留住人才，在沃尔玛，管理人员和员工之间关系良好，公司经理人员的纽扣上刻着"我们关心我们的员工"字样，管理者必须亲切对待员工，必须尊重和赞赏他们，对他们关心，认真倾听他们的意见，真诚帮助他们成长和发展。沃尔玛从员工的角度出发，不仅给予员工经济的满足，更给予员工精神的满足，让员工产生归属感。第二是发展人才，沃尔玛非常重视对员工的培养与教育，公司 60%的管理人员是从普通营业员成长起来的。公司会对不同层次的员工进行与岗位或职位相对应的培训，如新加入公司员工的入职培训，普通员工的岗位技能培训和部门专业知识培训，部门主管和经理的基础领导艺术培训，卖场副总经理以上高管人员的高级管理艺术培训。公司还不定期地从世界各地选拔工作表现优秀且有发展潜力的管理人员前往沃尔顿学院接受系统培训。第三是吸纳人才，除了从公司内部选拔现有人才之外，沃尔玛也从外部适时引进高级人才补充新鲜血液，以丰富公司的人才储蓄。

（4）社会责任

作为一个出色的企业公民，沃尔玛自进入中国就积极开展社区服务和慈善公益活动，十三年累计向各种慈善公益事业捐献了近 6 000 万元的物品和资金，员工累积投入约 18 万个工时。沃尔玛十分重视环境保护和可持续发展，并把环保 360 的理念融入到沃尔玛日常工作的每一个环节，同时沃尔玛也鼓励合作伙伴成为沃尔玛环保 360 计划的一部分,共同致力于中国的环境保护和可持续发展。沃尔玛积极投入慈善活动以及遵从环境可持续发展不仅顺应了国际经济发展的要求，同时也在顾客心中留下了良好的公益形象。

（5）企业文化

沃尔玛的企业文化极具特色，沃尔玛强调诚信的原则和道德价值观——我为人人，人人为我。沃尔玛将顾客定位于"公司最大的老板"，站在顾客角度提出天天平价、三米微笑、200%满意等原则。三米微笑原则要求员工要对三米以内的顾客微笑，规定员工认真回答顾客的提问，永远不要说"不知道"，沃尔玛内部有条不成文的规定，就是唯一允许迟到的理由就是"顾客服务"。200%满意原则要求：鲜食部门的自制食品出现的任何质量问题，沃尔玛都保证退货并免费赠送一份。优质的企业文化为沃尔玛留住了大量忠实顾客。

2. 风险评估分析

沃尔玛风险管理机构与传统风险评估有所区别，传统方法下，按职能单独管理，而沃尔玛采用跨部门综合管理；传统方法下各部门间信息不共享，而沃尔玛将信息跨部门共享，做到了信息很好的沟通，使得风险更好地得以规避和应对。

COSO 报告认为，环境控制和风险评估是提高企业内部控制效率的关键。沃尔玛建立和保持了相关程序和措施，能够对经营风险、财务风险、市场风险、政策法规风险和道德风险等进行持续监控，及时发现、评估公司面临的各类风险，考虑其可行性和影响程度，制定对策采取必要的控制措施。沃尔玛在不断引进新技术的基础上保持非常谨慎的态度，每位主管想建立新系统时，总是先认真地对应用这个系统后可能带来的风险进行评估，并且谨慎地推行系统的应用范围，循序渐进，逐渐推广。例如，1981 年，沃尔玛开始试验利用商品条码的设备。2 年后，试验扩大到 25 家店。1984 年，试验范围扩大到 70 家店。1985 年，沃尔玛宣布将在所有的商店安装条码识别系统，当年又扩大了 200 多家店。到 80 年代末，沃尔玛才将所有的商店和配送中心都安装了电子条形扫描系统。用了差不多十年的时间将一个系统从试验到全面应用，沃尔玛的风险意识之强由此可见。

3．控制活动

（1）授权管理

责任的分配和授权是现代企业委托代理管理的延续，它依附于企业组织结构的构建。在内部控制中，适度的授权和清晰的责任配置被认为是实施有效监督的前提条件。

沃尔玛的成功法则之一就是公司高管善于授权和监督。随着沃尔玛的发展，越来越多的管理人才被吸收进入公司，山姆给每位管理者都留下了充分发挥能力的空间，并常常亲驾飞机予以现场监督。更值得推崇的是，沃尔玛高层甚至认为十分有必要将责任和职权下授给第一线的工作人员，尤其是清理货架和经常接触顾客的部门经理，沃尔玛采取"店中有店"的方法（每个人所负责的区域就是一个"店"，每个人就是自己店的总经理）授权部门经理管理自己的业务，只要能力足够，这些"店中店"被允许有极高的销售额。在此基础上，沃尔玛认为信息共享下的授权才会真正起作用，对于员工来说，公司所有的资料如经营方式、采购价格、运输成本和利润都是透明的，这种形式的授权能对公司产生有效的监督。适当的授权和良性的竞争调动了每一个员工的职权、积极性和创造性，以人为本的内控制度得以展开。

（2）财产保护控制

沃尔玛总部的高速计算机与全世界沃尔玛商店连接，可及时控制存货存储量。

（3）运营分析控制

厂商可以通过运营系统进入沃尔玛的计算机分销系统和数据中心，直接从 POS 得到某供应的商品流通动态信息，如不同店铺及不同商品的销售共计数据，沃尔玛各仓库和调配状态、销售预测、电子邮件及付款通知等，并可以此作为安排生产、供货和送货的依据。通过这个系统，管理人员掌握到第一手的资料，并对日常运营与企业战略做出分析和决策。

4．信息与沟通

对于零售业来说，物流的配送是信息与沟通的重大方面，沃尔玛各分店的订单信息通过公司的高速通信网络传递到配送中心，配送中心整合后正式向供应商订货。供应商可以把商品直接送到订货的商店，也可以送到配送中心。在配送中心，计算机掌管着一切。供应商将商品送到配送中心后，经过核对采购计划、商品检验等程序，分别将商品送到货架的不同位置存放。公司 6 000 多辆运输卡车全部安装了卫星定位系统，每辆车在什么位置、装载什么货物、目的地是什么地方，总部都一目了然。

灵活高效的物流配送使得沃尔玛在激烈的零售业竞争中技高一筹。沃尔玛可以保证，商品从配送中心运到任何一家商店的时间不超过 48 小时，沃尔玛的分店货架平均一周可以补货两次，而其他同业商店平均两周才能补一次货，通过维持尽量少的存货，沃尔玛既节省了存贮空间，又降低了库存成本。沃尔玛的管理层奉行"门户开放"政策，这既拓宽了信息沟通渠道，又保证了信息沟通效果；而信息共享和机构精简，既让控制无处不在，又让控制不失于简明。沃尔玛建立了适当的沟通渠道，以便于管理者和雇员间进行沟通，消除部门间的障碍及为员工合作提供机会。

5. 内部监督

沃尔玛的卫星系统可以监控到全球的所有店铺、配送中心和经营的所有商品、每天发生的一切与经营有关的购销调存等信息。沃尔玛有一个统一的产品代码——UPC 代码。经理们选择一件商品，扫描一下该商品的 UPC 代码，不仅可以知道商场目前有多少种商品，订货量是多少，还可以知道这种商品是否正在运输到商店的途中，会在什么时候运到等情况。这些数据都是通过主干网和通信卫星传输到数据中心的。通过 UPC 代码，管理人员不但能及时地对销售情况、物流情况进行监控，还可知道当天回收多少张失窃的信用卡，信息卡认可体系是否正常工作等信息，并能监督当天做成的交易数目。

草根会议。每隔一段时间，每家店都会举行"草根会议"，随意抽取各部门员工了解情况。

基层调查。每年，沃尔玛总部都会在全球范围内开展"基层调查"，以不记名形式进行问卷调查，了解整个店的经营管理情况，并将问卷密封后寄至美国，由专门的调查公司进行统计分析。

设立合规管理部门。公司合规管理部全面负责公司一切与合规经营相关的事务。该部门将直接向沃尔玛亚洲总裁兼首席执行官、沃尔玛中国临时总裁兼首席执行官贝思哲（Scott Price）汇报。该部门主要负责食品安全、消费者权益保护、营运安全等方面事务，以保证公司日常运营全面符合政府部门的相关法律法规以及沃尔玛公司的标准。合规管理部除在总部工作之外，还将深入到沃尔玛业务所在的城市和地区，担负起公司内部第三方监督的作用。

第一章　同步练习参考答案

（一）单选题

1．C　2．D　3．D　4．D

（二）多选题

1．ABC　2．ABCD　3．ABC　4．ABD

（三）名词解释题

1. 委托代理问题：由于现代股份有限公司股权日益分散，经营管理的复杂性与专业化程度不断增加，公司的所有者——股东通常不再直接作为公司的经营者，而是作为委托人，将公司的经营权委托给职业经理人，职业经理人作为代理人接受股东的委托，代理经营企业，股东与经理层之间的委托代理关系由此产生。由于公司的所有者和经营者之间存在委托代理关系，两者之间的利益不一致而产生代理成本，并可能最终导致公司经营成本增加的问题就称为代理问题。

2. 交易成本：交易成本（transaction costs）概念最早是由科斯（1937）在其论文《企业的性质》中提出的。但科斯并没有对"交易费用"概念下定义，他只是对其做出了描述性分析。科斯认为，市场价格机制的运转是有代价的，市场交易存在着成本，这种成本包括发现交易对象、发现相对价格、讨价还价、订立契约以及执行契约等所发生的费用。

3. 产权理论：产权理论把对资产的剩余控制权定义为企业的所有权，强调了剩余控制权给兼并一方带来的收益和被兼并一方带来的成本，建立了逻辑严密的由产权结构决定企业边界的数学模型，从而提出了企业一体化的理论。

4. 公司治理：是指对公司董事会的功能、结构、股东的权力等方面的制度安排，关注于解决公司内部的所有权安排、激励机制，股东大会、董事会、监事会结构等内部管理问题。

（四）简答题

1. 简述业主制企业的主要特点。

个人出资，企业的成立方式简单；资金来源主要依靠储蓄、贷款等，但不能以企业名义进行社会集资；承担无限责任；企业收入为业主收入，业主以此向政府缴纳个人所得税；企业寿命与业主个人寿命联系在一起。

2. 简述业主制企业的优缺点。

业主制企业的优点是企业建立与歇业的程序简单易行，企业产权能够较为自由地转让；经营者与所有者合一；所有者的利益与经营者的利益是完全重合的；经营者与产权关系密切、直接，利润独享，风险自担，经营的保密性强。业主制企业的缺点是无限的责任、有限的规模以及企业的寿命有限。

3. 公司制企业的主要特点是什么？

开办手续复杂；筹资渠道多样化，公司可以通过证券市场进行股权融资，也可以通过向银行贷款或者发行公司债券进行债权融资；承担有限责任，所有股东以其出资额为限对公司的债务承担有限责任；股东对公司的净收入拥有所有权；公司经营中所有权与经营权相分离；公司缴纳企业所得税，股东缴纳个人所得税。

4. 公司治理的特征是什么？

公司治理的动态性、合约性、法治性、制约性、价值导向性、地域性。

5. 公司治理的影响因素有哪些？

公司自身的股权结构和运行机制、公司控股股东的身份、公司的发展阶段及其行业特性、公司所处的外部市场环境。

6. 公司治理的原则是什么？

（1）确保有效公司治理框架的基础；（2）股东权利与关键所有权功能；（3）平等对待股东；（4）利益相关者在公司治理中的作用；（5）信息披露与透明度；（6）董事会责任。

（五）案例分析题

解析：新中大软件股份有限公司的利益相关者的组成包括股东、高层管理人员、员工、用户、代理商、竞争对手、合作者和政府

第二章　同步练习参考答案

（一）单选题

1. B　2. A　3. A　4. D　5. A

（二）多选题

1. AB　2. CD　3. ABCD　4. ABCD　5. ABCD　6. ABCD　7. ABD　8. ABCD　9. ABCD　10. ABCD　11. ABCD　12. ABCD　13. ABCD　14. AB　15. ABC　16. ABD　17. ABC　18. ABC

（三）名词解释题

1. 公司治理结构：是一种联系并规范股东（财产所有者）、董事会、高级管理人员权利和义务分配问题的制度框架，包括股权结构、资本结构以及治理机构设置等。简单地说，公司治理结构就是如何在公司内部划分权力。

2. 董事会：是依照有关法律、行政法规和政策规定，按《公司法》和《公司章程》设立并由全体董事组成的业务执行机关。

3. 监事会：是由股东（大）会选举的监事以及由公司职工民主选举的监事组成的，是对公司的业务活动进行监督和检查的法定必设和常设机构。

4. 独立董事：是指那些只拥有董事身份或在董事会中的角色，不在公司内担任其他职务，并且在公司内没有其他实质性利益关系，即与其受聘的公司和股东不存在可能妨碍其进行独立判断的关系的董事。

5. 执行董事：是指同时兼任公司高级管理人员的董事。他们既参与董事会的决策，同时也在其管理岗位上执行董事会的决策。显然，执行董事都是内部董事。

6. 非执行董事：是指公司从外部聘请的在战略管理、金融、投资、财务、法律、公共关系等方面具有专长的知名人士。他们通常是某一方面的专家、学者或其他公司的总裁、董事长，只参与董事会决策而不参与高层管理和决策的执行。非执行董事明显包括了外部董事。

（四）简答题

1. 股东权利有哪些？请简要述之。

知情质询权、决策表决权、选举权和被选举权、收益权、强制解散公司的请求权、股东代表诉讼权、优先权、临时股东会的提议召集权、公司章程规定的其他权利。

2. 董事权利有哪些？请简要述之。

召集股东会的权利；出席董事会会议，行使表决权；提议召开董事会会议的权利；获得相应标准的报酬和津贴的权利；签名权（此项权利同时亦是义务，如在公司设立的登记文件上签名）；公司章程规定的其他职权。

3. 独立董事的任职资格是什么？

独立董事的任职资格包括具有所要求的独立性；具备一定的业务素质水平；具备相关的知识和经验。对上市公司来说，独立董事应具备上市公司运作的基础知识，熟悉相关法律、行政法规、规章及规则，具备 5 年以上法律、经济或者其他履行独立董事职责所必需的工作经验；公司章程规定的其他条件。

4. 监事会权限是什么？

（1）检查公司的财务，并有权要求执行公司业务的董事和经理报告公司的业务情况；

（2）对董事、经理和其他高级管理人员执行公司职务时违反法律、法规或者章程的行为进行监督；

（3）当董事、经理和其他高级管理人员的行为损害公司的利益时，要求其予以纠正，必要时向股东大会或国家有关主管机关报告；

（4）提议召开临时股东大会；

（5）列席董事会会议；

（6）公司章程规定或股东大会授予的其他职权；

（7）监事会行使职权时，必要时可以聘请律师事务所、会计师事务所等专业性机构给予帮助，由此发生的费用由公司承担。

（五）案例分析题

案例一解析：

根据《公司法》及《国有企业监事会暂行条例》的规定，董事、高级管理人员不得兼任监事，公司监事会的四名成员中三名不符合《公司法》所规定的任职资格，违反了《公司法》关于监事任职资格的规定，也使其不能很好地行使职权、履行义务，故而法院应该支持股东王某的要求，解散公司原有监事会，并重新建立监事会。

案例二解析：

上述案例中独立董事涉嫌内幕交易，违背了独立、公开原则。独立董事在公司治理中应当发挥好监督的作用，除一般董事的权限外，还有对于重大关联交易进行审核把关权；向董事会提议聘用或解聘会计师事务所；向董事会提请召开临时股东大会；独立聘请外部审计机构和咨询机构；在股东大会召开之前公开向股东征集投票权。

第三章　同步练习参考答案

（一）单选题

1. D　2. B　3. A　4. C

（二）多选题

1. ABC　2. AB　3. ABCD　4. ABCD

（三）名称解释题

1. 公司内部治理机制：在公司治理系统的制度设计中，激励机制、监督机制与决策机制是公司内部治理机制的灵魂和核心。

2. 激励机制：是指委托人如何通过一套激励制度安排促使代理人采取适当行动，以最大限度地增加委托人的效用。激励机制包括精神激励、薪酬激励、荣誉激励和工作激励。

3. 监督机制：是指公司的利益相关者针对公司经营者的经营成果、经营行为或决策所进行的一系列客观而及时的审核、监察与督导的行动。公司内部权力的分立与制衡原理是设计和安排公司内部监督机制的一般原理。公司内部的监督机制包括股东大会和董事会对经理人员的监督和制约，也包括它们之间权力的相互制衡与监督。

4. 决策机制：是指通过建立和实施公司内部监督和激励机制，来促使经营者努力经营、科学决策，从而实现委托人预期收益最大化。

5. 公司外部治理机制：包括法律与监管环境，公司控制权市场，债权人、机构投资者、中介机构与自律组织的外部约束，以及资本市场、产品市场和经理人市场的竞争等。

6. 白衣骑士：当公司成为其他企业的并购目标后（一般为恶意收购），公司的管理层为阻碍恶意接管的发生，去寻找一家"友好"公司进行合并，而这家"友好"公司就被称为"白衣骑士"。

7. 焦土战术：是指目标公司在遇到收购袭击而无力反击时，所采取的一种两败俱伤的做法。此法可谓"不得已而为之"，因为要除掉企业中最有价值的部分，即对公司的资产、业务和财务进行调整和再组合，以使公司原有"价值"和吸引力不复存在，进而打消并购者的兴趣。

（四）简答题

1. 对高层管理者的激励机制有哪些？

对高层管理者行之有效的激励机制主要包括：（1）报酬激励机制。对经营者的报酬激励，可以由固定薪金、股票与股票期权、退休金计划等构成；（2）声誉或荣誉激励机制；（3）聘用与解雇的激励机制。

2. 公司内部监督机制实施的主要途径是什么？

实现公司内部监督机制的途径主要包括以下方面：一是要完善公司内部收入分配制度；二是要完善经理人员任免机制；三是要建立经营者风险抵押机制；四是要完善和加快经理人市场和资本市场的建设，重视市场约束作用。

3. 企业并购的目的是什么？

（1）企业发展的动机；

（2）发挥协同效应；

（3）加强对市场的控制能力；

（4）获取价值被低估的公司。

4. 反接管的方式有哪些?

（1）毒丸计划：目标公司向普通股股东发行优先股，一旦公司被收购，股东持有的优先股就可以转换为一定数额的收购方股票。

（2）焦土战术：目标公司在遇到收购袭击而无力反击时，所采取的一种两败俱伤的做法。

（3）金色降落伞：指的是雇用合同中按照公司控制权变动条款，对失去工作的管理人员进行补偿的分离规定。

（4）白衣骑士：当公司成为其他企业的并购目标后（一般为恶意收购），公司的管理层为阻碍恶意接管的发生，去寻找一家"友好"公司进行合并，而这家"友好"公司就被称为"白衣骑士"。

（五）案例分析题

解析：华为在公司治理机制上的独特之处在于采用全员虚拟受限股制度（激励机制）和轮值 CEO（制衡机制）的结合。

在知识经济社会，高层管理者是公司的核心和灵魂，是国家和社会的宝贵财富，是稀缺的生产要素，公司长远发展的关键取决于高层管理者的素质。剖析目前中国企业家的"59 岁现象""于志安现象""褚时健现象""黄光裕现象"，除人生价值观发生滑坡之外，最重要的就是有的企业在发展中缺乏有效的对高层管理者激励与约束制度。华为企业独特的激励和制衡机制，合理地配置了所有者与高层管理者之间的权利与责任关系，以公司经营状况为标准决定对高层管理者奖惩的制度，搞活了公司，同时也保证所有者权益。

第四章　同步练习参考答案

（一）单选题

1. C　2. D　3. C　4. C　5. C

（二）多选题

1. AB　2. ABC　3. BC　4. ABCD　5. ABC

（三）名词解释题

1. 单层董事会：也称一元模式，即董事会集执行职能和监管职能于一身，不设监事会，治理中的监督职能通过独立董事制度来实现。

2. 双层董事会：也叫二元模式，所谓"双层"是指公司设置董事会和监事会共同治理结构，而执行职能和监督职能是分开的，即董事会履行执行职能，监事会履行监督职能。

3. 混合董事会：公司既设董事会又设监事会，但是董事会和监事会都是由股东大会选出的。

4. 英美治理模式的主要内容：形式上的股东大会、独特的董事会设计、高度分散且流动的股权结构、以直接融资为主。

5. 德日治理模式的主要内容：相对集中的法人股东股权结构；股权控制弱化，经营管理者拥有极大的经营决策权；严密的监督机制，在此模式下对企业经营者的内部监督主要来自 3 个方面：主银行的监督、企业集团内部的监督、公司成员的监督。

6. 家族治理模式的主要内容：以血缘关系为纽带的高度集中的股权结构；所有权、控制权与经营权的高度统一；家庭化的公司管理；经营者激励约束双重化。

（四）简答题

1. 简述世界范围内董事会治理模式。

单层董事会模式，也称一元模式，即董事会集执行职能和监管职能于一身，不设监事会，治理中的监督职能通过独立董事制度来实现。双层董事会制度，也叫二元模式，所谓"双层"是指公司设置董事会和监事会共同治理结构，而执行职能和监督职能是分开的，即董事会履行执行职能，监事会履行监督职能。混合董事会模式，公司既设董事会又设监事会，但是董事会和监事会都是由股东大会选出的。

2. 英美治理模式的优势和弊端各是什么？

优势：实现了资本市场的优化配置；促进创新精神，提高创新能力；提升了企业的竞争力。

弊端：股权结构上高度分散的特点极有可能造成经营者的短期投机行为；公司内部监督机制不力，对公司经理层的制约太小，易出现"内部人控制"的问题；公司股权的高度流动性使英美公司资本结构的稳定性差；公司并购不利于经理人员积极性的发挥。

3. 德日治理模式的优势和弊端各是什么？

优势：产权结构能有效监控公司的生产经营活动，公司发展具有长期稳定性。

弊端：缺乏外部资本市场的压力，公司的监督形同虚设，经营者创新意识不强，企业缺乏发展动力，股东的特殊性易生成泡沫经济。

4. 家族治理模式的优势和弊端各是什么？

优势：该模式下大股东一般较为积极地参与公司的管理和决策，有利于管理者和所有者沟通协调。高度统一的所有权、控制权与经营权的家族治理结构，不仅使得公司利益和个人利益趋于同步，实现双重激励和约束机制，而且还大大降低了内部的交易成本，可以最大限度地提高内部管理的效率，实现资源的优化配置。

弊端：所有权控制过于集中，容易产生家族股东"剥削"小股东利益现象；企业监督机制不能有效发挥；家庭权力交接容易引起企业动荡。

5. 公司治理与公司管理的异同是什么？

公司治理关心的是"公司应走向何方"，而公司管理关心的是"公司怎样到达那里"。公司治理的核心是确定公司的目标并保证决策的科学性，公司管理的核心是确定实现目标的途径。公司管理是运营公司，公司治理是确保这种运营处于正确的轨道。两者都是针对同样的终极目标，即实现财富的有效创造，只是扮演的角色不同，公司治理通过建立权力制衡的机制来实现其机能，公司管理是通过对组织资源进行有效整合来达成既定目标。

（五）案例分析题

案例一解析：

三星集团公司治理的弊端在于管理模式仍像中央集权的帝王式管理。"一言堂"现象突出，公司治理缺乏透明度，公司内部监督效力低下。三星家族传承动荡不已，纷争不止。如同很多家族企业一样，当创始人把企业领导权传递给第二代或第三代时，有较多家族争斗。特别是当承接领导权的第二代人缺乏相应的专业知识和管理才能时，很可能为企业带来分裂、解散和破产的风险。

案例二解析：

真功夫股东混战的导火索是企业的股权结构，两大股东持股比例相同，当两大股东发生矛盾时，会不可避免地要争夺公司控制权。家族企业的股权结构在比例上应由一方为主导，设置一方控股或相对控股的持股比例。另一种方法是在家族集团的大框架内安排多个企业，家族成员作为产权主体清晰地拥有各自的所有权，并依据其产权赋予的权力各自安排接班人问题，这条途径本质上是将家族企业通过产权手段将其分解成几个家族企业，走的是一条"化繁为简""分而治之"的道路。

第五章　同步练习参考答案

（一）单选题

1．C　2．C　3．C　4．D

（二）多选题

1．ABCD　2．ABD　3．ABCD

（三）名词解释题

1．内部控制：内部控制是企业董事会、监事会、经理层和全体员工实施的，旨在实现控制目标的过程。

2．内部控制结构：为合理保证企业特定目标而建立的各种政策和程序，包含控制环境、会计制度和控制程序 3 个要素。

3．内部控制整体框架：内部控制是由董事会、管理当局和其他职员实施的一个过程，旨在为经营的效率和效果、财务报告的可靠性、相关法令的遵循提供合理保证。

4．控制环境：所有业务的核心都是人员及他们开展经营所处的环境，包括员工的诚实和职业道德、员工的胜任能力、董事会及监事会的参与、组织机构、权力和责任的规定等。

5．风险评估：是指企业及时识别、系统分析经营活动中与实现内部控制目标相关的风险，并合理确定风险应对策略。

6．控制活动：是为实现内部控制目标提供合理保证而制定的各项政策、程序和规定，是对所确认的风险采取必要措施，以保证单位目标实现的程序。

7．信息与沟通：围绕在这些活动周围的信息与沟通系统，能及时反馈各程序执行过程中遇到的问题，使员工能够获得和交换那些执行、管理和控制其经营活动所需要的信息，从而保证控制活动的正常运行。

8．监控：是为保证内部控制的适当性和有效性而进行的日常和定期监督、检查。

（四）简答题

1．国外内部控制演进的 5 阶段分别是什么？请简述之。

内部控制的发展演进过程经历了内部控制制度、制度分野、内部控制结构、内部控制整体框架和企业风险管理框架 5 个阶段。（1）1949 年，内部控制制度：AICPA 对内部控制做了专门的定义，内部控制包括组织的计划和企业为了保护资产、检查会计数据的准确性和可靠性、提高经营效率以及促使遵循既定的管理方针等所采用的所有方法和措施；（2）1953 年，AICPA 所属的审计程序委员会对内部控制的定义做了正式修正，把内部控制分为会计控制和管理控制；（3）1988 年，AICPA 的审计准则委员会（ASB）发布了第 55 号审计准则公告，用"内部控制结构"代替"内部控制"概念，不再区分会计控制和管理控制，而是确立了一种控制结构，指出"企业的内部控制结构包括为合理保证企业特定目标而建立的各种政策和程序"，还指出内部控制结构包含 3 个要素，即控制环境、会计系统和控制程序；（4）1992 年，COSO 委员会提出《内部控制——整体框架》，并于1994 年对其进行了修订，COSO 委员会认为，"内部控制是由董事会、管理当局和其他职员实施的一个过程，旨在为经营的效率和效果、财务报告的可靠性、相关法令的遵循提供合理保证"；（5）2004 年，COSO04 出台，认为企业风险管理是一个过程，由一个企业的董事管理当局和其他人员实施，应用于战略制定并贯穿于企业当中，旨在识别可能影响企业的潜在事项，管理风险在企业可接受范围之内，为企业目标的实现提供合理保证。

2. 内部控制整体框架（COSO92）的 5 要素分别是什么？请简述之。

内部控制包括 5 个互相关联的构成要素，包括控制环境、风险评估、控制活动、信息与沟通和监控。（1）控制环境：所有业务的核心都是人员及他们开展经营所处的环境，包括员工的诚实和职业道德、员工的胜任能力、董事会及监事会的参与、组织机构、权力和责任的规定等；（2）风险评估：企业为实现其目的而确认分析相关风险，以构成进行风险管理的基础；（3）控制活动：控制活动是为实现内部控制目标提供合理保证而制定的各项政策、程序和规定，对所确认的风险采取必要措施，以保证单位目标实现的程序；（4）信息与沟通：围绕在这些活动周围的信息与沟通系统，能及时反馈各程序执行过程中遇到的问题，使员工能够获得和交换那些执行、管理和控制其经营活动所需要的信息，从而保证控制活动的正常运行；（5）监控：监控是为保证内部控制的适当性和有效性而进行的日常和定期监督、检查。

3. 简述我国五部委在 2008—2010 年颁布的关于内部控制的规章制度有哪些？

2008 年 6 月，财政部、证监会、审计署、银监会、保监会在北京联合召开企业内部控制基本规范发布会暨首届内部控制高层论坛，发布了《企业内部控制基本规范》。同月，还发布了企业内部控制基本规范相关配套指引的征求意见稿。2010 年 4 月，五部委联合发布《企业内部控制基本规范及配套指引》，包括内部控制应用指引、内部控制评价指引、内部控制审计指引。

4. 简述公司治理与内部控制之间的关系。

公司治理和内部控制两者之间存在着很多相同点和大面积的相互交叉与重叠区域，在企业的管理实践中，两者存在着一定的区别和联系。具体地讲：

（1）具有同源性；

（2）具有共同载体；

（3）存在着交叉区域；

（4）两者的具体目标不同；

（5）两者的控制主体不同；

（6）两者所涉及的管理内容不同；

（7）两者所使用的手段不同；

（8）两者所归属的法规体系不同。

（五）案例分析题

案例一解析：

三九集团长期以来缺乏内部控制制度建设，赵新先在三九集团身兼四职——党委书记、总裁、董事长、监事会主席，三九集团无论在公司运营、企业管理还是人事任免上，都更像一个"赵氏企业"，"一言堂"的决策机制并没有随着企业规模的迅速扩大而得到改变。由于沿袭了改革开放之初的多元化发展思路，国有企业普遍患上了严重的"肥胖症"，主要表现为：管理层次过多，链条过长，行业覆盖面过宽，且没有构建规范的内部控制制度、授权审批制度，投资战略决策都是一支笔、一言堂。公司管理和控制都跟不上扩张的步伐，最终导致失败。

案例二解析：

近年来，中国企业的经营风险越来越多地暴露出来，企业内部控制已经越来越受到中国企业家的重视，同时也成为监管部门的重要管控手段之一。企业的内部控制是由控制环境、风险评估、控制活动、信息与沟通以及监控构成，任何一部分出现缺陷都无法保证系统的完整。为了保护企业经济资源的安全，确保会计信息的正确可靠，企业需要控制经济活动，利用企业内部分工而产生相互制约的约束机制。

第六章　同步练习参考答案

（一）单选题

1．A　2．B　3．A　4．C　5．D

（二）多选题

1．BCD　2．BCD　3．ABCD　4．ABCD　5．ABCD　6．BCD　7．BC　8．AB　9．ABCD

（三）名词解释题

1．分离式牵制：分离式牵制即不相容职务相分离，所谓不相容职务是指那些如果由一个人担任既可能发生错误和舞弊行为，又可能掩盖其错误和舞弊行为的职务。

2．企业内部控制基本规范：企业内部控制基本规范是内部控制建设与实施应该遵循的基本原则和总体要求，具有强制性，纳入实施范围的企业应当遵照执行。

3．制衡性原则：制衡性原则是指内部控制应当在治理结构、机构设置及权责分配、业务流程等方面形成相互制约、相互监督，同时兼顾运营效率。

4．适应性原则：适应性原则是指内部控制应当与企业经营规模、业务范围、竞争状况和风险水平等相适应，并随着情况的变化及时加以调整。

5．成本效益原则：成本效益原则是指内部控制应当权衡实施成本与预期效益，以适当的成本实现有效控制。企业是以追求经济利益为目标的经济组织，内部控制的设计和实施是需要成本的。企业应当在保证有效性的前提下，合理地权衡成本与效益的关系，争取以合理的成本实现更为有效的控制。

（四）简答题

1．什么是合作式牵制？请举例说明。

合作式牵制是指通过合作达到相互制约、相互监督的作用。例如，会审机制，企业面对重大决策、重大业务事项、重要的人事任免以及大额资金支付时，需要领导层集体决策、集体联签，以防止个人决策的失误；合同会签制度，合同在生效前不仅需要主管部门签字还需要其他协作部门共同参与。会审、会签人员共同参与、共担责任，以及降低决策、合同的风险。另外，企业内部各部门之间在业务上的协助也属于合作式牵制。例如，2012 年财政部颁布要求在 2014 年 1 月 1 日试行的《行政事业单位内部控制规范》中规定，重大事项需集体决策和会签。

2．我国企业内部控制规范体系的结构是怎么样的？

2008 年 6 月，财政部、证监会、审计署、银监会、保监会在北京联合召开企业内部控制基本规范发布会，发布了《企业内部控制基本规范》，2010 年 4 月 26 日，财政部、证监会、审计署、银监会、保监会联合发布了《企业内部控制及配套指引》。该配套指引包括 18 项《企业内部控制应用指引》《企业内部控制评价指引》和《企业内部控制审计指引》。我国内部控制规范体系分 2 个层面，一是基本规范，二是配套指引。

3．企业内部控制的基本目标是什么？

《企业内部控制基本规范》中对内部控制提出了合法合规、资产安全、财务报告及相关信息真实完整、提高经营效率和效果以及促进企业实现发展战略 5 大目标，简称为合规目标、资产安全目标、报告目标、经营目标和战略目标。

4. 企业内部控制的基本原则是什么？

《企业内部控制基本规范》明确指出，企业建立与实施内部控制，应当遵循全面性、重要性、制衡性、适应性、成本效益 5 大原则。这 5 个原则形成一个整体，设计企业的内部控制应做到统筹兼顾，不可偏废。

5. 企业内部控制的基本要素是什么？

根据《企业内部控制基本规范》的规定，我国企业内部控制包括内部环境、风险评估、控制活动、信息与沟通、内部监督 5 个要素。

6. 内部控制的局限性有哪些？

内部控制的局限性表现在以下几个方面。

（1）成本限制：内部控制受到成本与效益原则的限制，内部控制系统所需求的保证水平有必要根据其成本而定。一般来说，控制程序的成本不能超过风险或错误可能造成的损失和浪费。否则，再好的控制措施和方法也将失去意义。

（2）人为失误：智者千虑，必有一失。内部控制的设计会受到设计人员经验和知识水平的限制，因而可能存在缺陷。同时，执行人员的粗心大意、精力分散、判断失误以及对指令的误解等，也可能使内部控制系统失效或陷于瘫痪。

（3）串通舞弊：两人或多人的合谋活动可能导致内部控制的失效。从事犯罪或者试图隐瞒某项行为的个人，通常会设法改变财务数据或其他管理信息，使其不能为内部控制系统所识别。

（4）滥用职权：各种控制程序是管理工具，但任何控制程序都不能发现和防止那些负责执行监督控制的管理人员滥用职权或不当用权。

（5）制度失效：内部控制制度是针对制度制定时的经济业务设计的，内部控制可能会因经营环境、业务性质的改变而削弱或失效，可能会对不正常的或未预料到的业务类型失去控制能力。

（五）案例分析题

案例一解析：

C 集团的内部控制存在严重问题，从案例上看至少存在着授权审批制度流于形式，不相容职务没有分离这两个问题。集团不相容职务未能分离，王某一人可以同时兼任资金调拨、制单、记账、印鉴管理等多项工作，导致王某可以肆意调拨领取公司账户上的存款而无需审批，也无任何牵制，造成资金收付存在重大漏洞。

案例二解析：

（1）无锡尚德电力的风险管理意识淡薄

尚德电力是一家高度依赖海外市场的公司，"市场在外"是尚德电力的一大软肋。从 2002 年第一条生产线投产至 2011 年的 10 年中，该公司的光伏组件 90% 以上出口海外。但是由于行业无序竞争，投资不断地进入和企业大规模的产能扩张，光伏产业市场变得有限。更为严重的是，继美国发动"双反"伏击之后，2012 年 9 月 6 日，欧盟宣布对中国光伏电池发起反倾销调查。尚德电力遭受贸易壁垒、金融危机的双重打击，加之尚德电力缺乏风险管理意识，在战略、营销、财务、治理，甚至是人力资源等方面均处处失控，因此最终难逃破产厄运。

（2）无锡尚德电力的发展战略严重失误

尚德电力的破产，一方面原因是尚德集团发展战略过于激进，盲目扩张，脱离企业实际能力。尚德电力对光伏主要原材料的多晶硅价格走势两度判断失误，高价与美国、韩国的多晶硅企业签订长期订单。这导致公司背上了沉重的原材料负担。另一方面，作为新兴产业的光伏在"未来技术路线上存在多种不确定性"，尚德电力一度认为，薄膜电池可能是未来技术方向之一，追加数千万美元的投资，但却成了"竹篮打水"。

（3）公司治理不善

尚德电力缺乏对施正荣的制约，董事会作用不明显。在公司内部任人唯亲，排除异己，内部纷争不断，明暗关联公司太多，企业组织体系庞杂无序，有搭建私人商业王国之嫌。在公司遭遇困难、业绩和股价下滑时，施正荣却忙于金蝉脱壳，暗中搭建了属于自己的私人商业王国，并通过关联交易，大肆转移上市公司的资产，最终使这家上市公司难逃亏空破产的命运，而其自己及家族仍具有大量的隐性财富，受害的是其他债权人（投资商、供应商）和尚德股民。

第七章 同步练习参考答案

（一）单选题

1. A 2. B 3. A 4. C 5. D 6. B 7. B 8. D 9. C 10. C 11. C 12. C

（二）多选题

1. ABCD 2. ABCD 3. ABCD 4. ABCD 5. ABCD 6. ABC 7. ABCD 8. BCD 9. ABCD

（三）名词解释题

1. 内部环境：是组织内部的一种共享价值体系，是影响、制约企业内部控制建立与实施的各项内部条件与氛围的总和，包括企业的资源、能力和文化等因素。

2. 组织架构：是一项制度安排，明确了股东（大）会、董事会、监事会、经理层和企业内部各层级机构设置、职责权限、人员编制、工作程序和相关要求，主要包括治理结构和内部机构设置。

3. 企业发展战略：是指企业在对现实状况和未来趋势进行综合分析和科学预测的基础上，制定并实施的长远发展目标与战略规划。

（四）简答题

1. 简述董事会在内部控制中的地位和作用。

董事会负责内部控制的建立、健全和有效实施，在内部控制的实施过程中居核心地位。公司内成立的内部控制领导小组，由董事长兼任组长，全权负责本公司内部控制的建立、健全和有效实施。公司董事会下设战略委员会、审计委员会、提名委员会和薪酬与考核委员会 4 个专业委员会。

2. 机构设置的基本原则是什么？

机构设置要保证合理的流水线模式，部门设置少一个不行、多一个冗余，部门功能必须是线型的、支持的，而非拦截的。

3. 组织架构的主要风险是什么？

组织架构的风险主要来自于 2 个方面：（1）治理结构形同虚设，缺乏科学决策、良性运行机制和执行力，可能发生经营失败；（2）内部机构设计不科学，权责分配不合理，可能导致机构重叠、职能交叉或缺失，运行效率低下。

4. 内部审计的关键控制点是什么？

内部审计的关键控制点包括审计机构和人员、审计的内容与程序、舞弊的预防检查与汇报、内部审计质量控制。

5. 企业文化建设的主要风险是什么？

企业应当明确企业文化面临的主要风险，以及这些风险可能导致的后果。

（1）企业缺乏积极向上的企业文化，导致员工丧失对企业的信心和认同感，缺乏凝聚力和竞争力；

（2）缺乏开拓创新、团队协作和风险意识，导致企业发展目标难以实现，影响可持续发展；

（3）企业缺乏诚实守信的经营理念，导致舞弊事件的发生，造成企业损失，影响企业信誉。

（五）案例分析题

解析：

（1）内部控制是由企业董事会、管理层和其他员工实施的，旨在为经营的效率和有效性、财务报告的可靠性、遵循适用的法律法规等目标的实现提供合理保证的过程。可见，一个健全的内部控制体系是由多方实施，实现多方利益的一个过程。双汇"瘦肉精"事件的发生很大程度上正是由于企业内部控制缺失，存在重大盲点或漏洞，才造成了目前这种境况。形同虚设的检测程序只会成为不法分子的通道，因此一个企业要想做大做强，一个健全的内部控制系统不可缺少，不能因为短期利益而牺牲企业长久的发展。只有这样才能避免类似案件的再次发生，真正为企业、为更多利益相关者带来真实的益处。

（2）实施内部控制有助于提升企业管理水平。企业内部控制的完善程度反映了企业管理水平的高低，而内部控制体系的建设也是提升管理水平的有效手段。双汇拥有18道安检程序，却没有对"瘦肉精"的检验，这让其内部控制程序形同虚设。这说明从企业管理层内部就有漏洞和弊端，管理水平需要提高。严格管理企业，实现管理创新，促进传统的管理模式向现代企业管理过渡，加强内部控制是企业实现管理现代化的科学方法，建立和健全内部控制是企业发展的必然要求。

（3）实施内部控制有助于提高企业的风险防御能力。内部控制的核心是控制影响目标实现的风险，防范企业经营活动偏离企业目标的一切可能性。而双汇成为众矢之的的原因，正是由于在安检这个最重要的风险防范点上出现了问题。如果一个企业拥有健全的防范风险的内部控制系统，任何的差错都会得到很好的监控，更不会造成如此大的影响和损失。

（4）实施内部控制有助于维护社会公众的利益。在整个"瘦肉精"事件中，最大的受害者还是社会公众。生活中常用的食品成了有毒食品，不知多少人成了无辜的受害者。更重要的是，这又一次给社会公众带来了恐慌，让其无法信任身边的产品。此外，对于双汇的投资者来说，资本市场更是给他们带来了巨大的损失，而这一切正是内部控制缺失带来的。由此可见，社会公众的利益和内部控制息息相关。

第八章　同步练习参考答案

（一）单选题

1. C　2. C　3. B　4. D　5. A　6. B　7. C　8. D　9. A　10. C

（二）多选题

1. ABCD 2. ABCD 3. ABC 4. ABCD 5. ABCD

（三）名词解释题

1. 风险识别：是指对企业面临的各种风险进行确认的一个动态、连续的过程。其从风险产生的原因入手，通过各种识别方法发现客观存在的不确定性，即辨识风险。

2. 流程图分析法：是指首先按企业经营过程的内在逻辑制作出作业流程图，然后对其中的重要环节和薄弱之处进行调查和分析的方法。

3. 事件树分析法：又称故障树法，其实质是利用逻辑思维的规律和形式，从宏观的角度去分析事故形成的过程。它的理论基础是，任何一起事故的发生，必定是一系列事件按时间顺序相继出现的结果，前一事件的出现是随后事件发生的条件，在时间的发展过程中，每一事件有两种可能的状态，即成功和失败。

4. 风险应对：是指在风险评估的基础上，针对企业所存在的风险因素，根据风险评估的原则和标准，运用现代科学技术知识和风险管理方面的理论与方法，提出各种风险解决方案，经过分析论证与评价从中选择最优方案并予以实施，来达到降低风险目的的过程。

（四）简答题

1. 目标设定包含哪些内容？

目标设定包括制订战略目标；确定业务层面目标：业务层面目标包括经营目标、报告目标、资产目标和合规目标，它来自企业战略目标及战略规划，并制约或促进企业战略目标的实现；合理确定风险承受能力。

2. 风险识别的方法有哪些？

风险识别的方法主要有以下几种：（1）风险清单法；（2）流程图分析法；（3）现场调查法；（4）财务报表分析法；（5）事件树分析法；（6）可行性研究；（7）其他方法。

3. 企业应如何选择风险分析的方法？

企业可以根据自身具体的情况来选择定性或定量的分析方法。当前最常用的分析方法一般都是定量和定性的混合方法，对一些可以明确赋予数值的要素直接赋予数值，对难于赋值的要素使用定性方法，这样不仅更清晰地分析了资产的风险情况，也极大简化了分析的过程，加快了分析进度。

4. 企业应如何选择风险应对策略？

风险应对的 4 种策略是根据企业的风险偏好和风险承受度制定的，风险规避策略在采用其他任何风险应对措施都不能将风险降低到企业风险承受度以内的情况下适用；风险降低和风险分担策略则是通过相关措施，使企业的剩余风险与企业的风险承受度相一致；风险承受则意味着风险在企业可承受范围之内。企业应该结合具体情况及时调整风险应对策略。

（五）案例分析题

案例一解析：

1. 浙江赐福集团存在的企业风险主要包括如下几类。

（1）战略风险、市场风险：其主营业务涉及薄膜、医药、房地产开发、石油、运输等众多行业，并向江苏、广东、河南、四川等省份盲目地扩大市场，摊子铺得过大而无法进行有效的管理。这是企业战略的失误，也为企业增加了战略风险，同时也导致企业被动地面临了很大的市场风险。

（2）投资和融资风险：对外投资导致资金链断裂，银行总债务 45 亿多元，其中 3 亿元还出现了逾期。这是该集团面临的投资风险和融资风险。

（3）财务风险：2008 年浙江纵横集团倒闭，浙江赐福集团涉及 4 亿元的连带担保，并丧失了 7 亿元的担保授信，这是浙江赐福集团面临的财务风险。

2．浙江赐福集团深陷资金危机的原因如下。

（1）外部原因：受宏观经济形势影响，从整个纺织行业环境来看，由于我国的纺织行业还没有形成完整的产业链，深加工能力匮乏，行业危机在 2008 年就已经显现。

（2）内部原因：一是浙江赐福集团的发展战略不科学。该集团了实施了无关的多元化战略，其主营业务涉及薄膜、医药、房地产开发、石油、运输等众多行业。同时，该集团也实施了扩张型战略，向多个省份盲目地扩大市场。这些战略的实施，最终导致集团摊子太大而无法实施有效的运营和管理，从而造成资金链断裂，进一步影响了企业的偿债能力，使企业大量举债并造成部分债务逾期。

二是企业非生产性资产大量占用资金，资产结构不平衡等因素也导致了浙江赐福集团的资金困局，这也是我国纺织企业普遍面临的问题。

案例二解析：

中国核能企业采取的是风险降低策略中的投资组合手段。该手段是多元化的典型体现。企业通过适当的投资组合，一方面可以降低投资的机会成本，另一方面还可以分散企业的投资风险。

第九章　同步练习参考答案

（一）单选题

1．D　2．B　3．C　4．B　5．C　6．C　7．A　8．C　9．D　10．A　11．C　12．B　13．D　14．D　15．D　16．D　17．D　18．A

（二）多选题

1．ABC　2．AB　3．CD　4．ABCD　5．AB　6．ABCD

（三）名词解释题

1．补偿性控制：是针对某些环节的不足或缺陷而采取的控制措施。补偿性控制的目的是要排除损失、错误和舞弊，把风险水平限制在一定的范围内。如果凭证没有连续编号，有些业务活动就可能得不到记录。这时，实施凭证、账证、账账之间的严格核对，就可以基本上保证业务记录的完整性，避免遗漏重大的业务事项。因此，"核对"相对于凭证"连续编号"来说，就是保证业务记录完整性的一项补偿性控制。

2．预防性控制：是指为防止错误和非法行为的发生，或尽量减少其发生机会所进行的一种控制。它主要解决"如何能够在一开始就防止错弊的发生"这个问题。

3．应用控制：是指直接作用于企业生产经营业务活动的具体控制，也称业务控制，如业务处理程序中的批准与授权、审核与复核以及为保证资产安全而采用的限制接近等控制。这类控制的特征，在于它们构成了生产经营业务处理程序的一部分，并都能防止和纠正一种或几种错弊。

4．不相容职务分离控制：是指那些不能由一个人兼任，否则既可弄虚作假，又能掩盖其舞弊行为的职务。不相容职务分离就是这些职务由两人或两人以上担任，从而达到相互制约、相互监督的目的，即所谓"四只眼"原则或双人控制原则。

5. 授权审批控制：是在职务分工控制的基础上，由企业权力机构或上级管理者明确规定有关业务经办人员的职责范围和业务处理权限与责任，使所有的业务经办人员在办理每项经济业务时都能事先得到适当的授权，并在授权范围内办理有关经济业务，承担相应的经济责任和法律责任。

（四）简答题

1. 如何限制"一支笔"现象？

采取授权审批控制一支笔现象。要求企业根据常规授权和特别授权的规定，明确各岗位办理业务和事项的权限范围、审批程序和相应责任。企业对于重大的业务和事项，应当实行集体决策审批或者联签制度，任何个人不得单独进行决策或者擅自改变集体决策。

2. 内部控制按内容如何分类？

内部控制按内容分为一般控制和应用控制。一般控制是指对企业经营活动赖以进行的内部环境所实施的总体控制，也称基础控制或环境控制。它包括组织控制、人员控制、业务记录以及内部审计等内容。这类控制的特征是并不直接地作用于企业的生产经营活动，而是通过应用控制对全部业务活动产生影响。

应用控制是指直接作用于企业生产经营业务活动的具体控制，也称业务控制，如业务处理程序中的批准与授权、审核与复核以及为保证资产安全而采用的限制接近等控制。这类控制的特征在于它们构成了生产经营业务处理程序的一部分，并能防止和纠正一种或几种错弊。

3. 简述运营分析控制。

运营分析控制要求企业建立运营情况分析制度，经理层应当综合运用生产、购销、投资、财务等方面的信息，通过因素分析、对比分析、趋势分析等方法，定期开展运营情况分析，发现存在的问题，及时查明原因并加以改进。

4. 控制手段类业务流程有哪些？

控制手段类业务流程有 4 项内容，分别是全面预算、合同管理、内部信息传递、信息系统。

（五）案例分析题

案例一解析：

（1）出纳员不能同时保管支票和印章；

（2）出纳员不能对银行存款余额进行调节；

（3）出纳员不能登记材料明细账。

上述出纳员担任的职责不符合内部控制要求，违背了货币资金业务的岗位分工。

案例二解析：

（1）应建立应收账款账龄分析制度；

（2）应定期与往来客户对账；

（3）销售与收款业务应分离；

（4）选择金额较大的项目或重要往来客户进行函证，确认预收账款的真实性。

案例三解析：

A：负责（1）、（5）、（6）项工作。

B：负责（2）、（3）项工作。

C：负责（4）、（7）项工作。

因为按照内部控制制度的要求，不相容的职务要分离，记录总账的职务和记录明细账的职务、记录总账的职务和记录日记账的职务应分离；银行出纳的职务和编制银行调节表的职务应分离。

案例四解析：

第（1）、（2）、（5）、（6）、（7）、（9）、（10）项符合内部控制要求；第（3）、（4）、（8）项不符合内部控制要求。

第十章　同步练习参考答案

（一）单选题

1．D　2．C　3．D　4．B　5．A　6．B　7．A

（二）多选题

1．ABCD　2．ABCD　3．ACD　4．ABCD　5．ABCD　6．ABCD　7．ABCD　8．ABCD
9．ABC　10．ABCD　11．ABCD　12．ABC

（三）名词解释题

1．内部信息：是指企业的各种业务报表和分析报告，有关生产方面、技术方面的资料以及经营管理部门制定的计划、经营决策等方面的情况。内部信息主要包括财务信息、生产经营信息、销售信息、技术创新信息、综合管理信息等。

2．外部信息：企业外部所获取的信息。外部信息主要包括国家法律法规，相关监管机构信息，经济形势信息，客户、供应商信息，科技进步和社会文化信息等。

3．管理舞弊：是指管理层蓄谋的舞弊行为，是企业最高管理当局进行的舞弊，这种舞弊隐蔽性大，难以发现，影响力也很大，舞弊者的层次越高，越难有效地进行预防与检查，危害也越大。其主要表现为财务报表舞弊。

4．非管理舞弊：也称为员工舞弊，是指企业中的职员利用内部控制的各种漏洞，采用涂改或伪造单据账册及其他手段贪污、盗窃或挪用财产的不法行为，常常表现在将现金或其他资产窃为己有。

（四）简答题

1．企业内、外部信息的获取渠道是什么？

根据《企业内部控制基本规范》第三十九条的规定：企业可以通过财务会计资料、经营管理资料、调研报告、专项信息、内部刊物、办公网络等渠道，获取内部信息。外部信息的获取渠道主要有行业协会组织、社会中介机构、业务往来单位、市场调查、来信来访、网络媒体以及有关监管部门等。

2．信息与沟通的作用是什么？

（1）信息与沟通是有效实施内部控制的重要载体；

（2）信息与沟通是整个内部控制系统的生命线；

（3）信息与沟通是实施内部控制的关键因素。

3．反舞弊机制的重点是什么？

《企业内部控制基本规范》第四十二条规定，企业至少应当将下列情形作为反舞弊工作的重点：

未经授权或者采取其他不法方式侵占、挪用企业资产，牟取不当利益；在财务会计报告和信息披露等方面存在的虚假记载、误导性陈述或者重大遗漏等；董事、监事、经理及其他高级管理人员滥用职权；相关机构或人员串通舞弊。

4. 如何建立防范舞弊的体系？

（1）营造良好的企业文化，缓解员工压力；

（2）评估舞弊风险并实施方案控制化解风险；

（3）完善企业治理结构；

（4）建立适当的舞弊监督程序；

（5）加强信息沟通，建立信访举报制度；

（6）加强舞弊结果处理。

（五）案例分析题

案例一解析：

（1）行长权力过大，内外人员合谋

中国人民银行2002年《商业银行内部控制指引》第三十四条规定，商业银行应建立授信审查委员会，负责审批权限内的授信。委员会遵循集体审议，多数通过原则，行长不得担任授信审查委员会的成员。本案中，中行哈尔滨河松街支行的存贷款业务完全掌握于行长高山手中。

（2）违规业务存在，银行内控失效

中国人民银行2002年《商业银行内部控制指引》第一百零四条规定，商业银行严禁设置账外账。在中行哈尔滨河松街支行属于企业账外资金的账户多达上百个。

（3）信息未入网，信息系统存在漏洞

中行哈尔滨河松街支行能进行资金的调度，主要与其没有完善的计算机信息系统有关。

通过对以上案例的分析可以看出，部分基层银行风险管理意识薄弱。如何提高竞争力，在金融市场上赢得一席之地，对商业银行内部控制框架进行改革和完善，让商业银行的内部控制系统能够真正地发挥作用，已经成为刻不容缓的问题。

案例二解析：

三泰集团信息系统内部控制的风险点主要有：（1）前期规划阶段，缺乏整体规划或者规划不合理，可能导致企业形成信息孤岛、重复建设、资源浪费；（2）信息系统开发阶段，系统开发不符合内部控制要求，授权管理不当，可能导致无法利用信息技术实施有效控制；（3）信息系统运行与维护阶段，系统运行维护和安全措施不到位，可能导致信息泄露或毁损，系统无法正常运行。

关键控制点主要有：（1）明确规范职责分工、权限范围和审批程序，机构设置和人员配备科学合理；（2）信息系统开发、变更和维护流程；（3）访问安全建设，操作权限、信息使用、信息管理制度的有效性，硬件管理和审批程序的合理性。

相应的控制措施主要有：（1）根据企业内部控制要求建立信息系统岗位责任制。根据信息系统开发要求设定系统分析、编程、测试、程序管理、数据控制信息系统管理岗位，明确岗位职责；（2）明确系统开发和变更过程不相容岗位和职责，开发或变更、立项、审批、编程、测试环节要分离；系统访问过程申请、审批、操作、监控不相容岗位和职责要分离。信息系统战略规划、重要信息系统政策等重大事项应当经由管理层审批通过后，方可实施；（3）成立专门的信息系统安全管理机构，由企业主要领导负总责，并制定信息系统安全实施细则来规范信息的使用和管理；要采取安装安全软件等措施防范信息系统受到病毒等恶意软件的感染和破坏，应有相应措施对硬件进行保护，还要建立系统数据定期备份制度来保护数据。

案例三解析：

信息系统业务外包开发的主要优点是：企业可以充分利用专业公司的专业优势，量体裁衣，构建全面、高效满足企业需求的个性化系统。企业不必培养、维持庞大的开发队伍，相应节约了人力资源成本。其缺点是沟通成本高，系统开发方难以深刻理解企业需求，可能导致开发的信息系统与企业的期望产生较大偏差。同时，由于外包信息系统与系统开发方的专业技能、职业道德和敬业精神存在密切关系，因此也要求企业必须加大对外包项目的监督力度。

第十一章　同步练习参考答案

（一）单选题

1．A　2．A　3．B　4．B　5．B　6．D

（二）多选题

1．ABC　2．AB　3．ABD　4．ACD　5．ABCD　6．BC　7．ABCD

（三）名词解释题

1．内部监督：是指企业对内部控制建立与实施情况进行监督检查，评价内部控制的有效性，发现内部控制缺陷，应当及时加以改进。

2．内控缺陷：是指内部控制的设计存在漏洞，不能有效防范错误与舞弊，或者内部控制的运行存在弱点和偏差，不能及时发现并纠正错误与舞弊的情形。

3．运行缺陷：是指现存设计完好的控制没有按设计意图运行，或执行者没有获得必要授权或缺乏胜任能力以有效地实施控制。

4．日常监督：是指企业对建立和实施内部控制的整体情况所进行的连续的、全面的、系统的、动态的监督。

（四）简答题

1．何为内部监督？内部监督的方式有哪些？

内部监督是指企业对内部控制建立与实施情况进行监督检查，评价内部控制的有效性，发现内部控制缺陷，应当及时加以改进。内部监督的主要内容包括日常监督和专项监督、缺陷报告、档案记录与验证，内部监督的主要实施机构为内部审计机构（或经授权的其他监督机构）。

2．内部控制评价的内容包含哪些方面？

依据《企业内部控制评价指引》的要求，内部控制评价的内容涉及以下 7 个方面：（1）依据《企业内部控制基本规范》、应用指引以及本企业的内部控制制度对内部控制设计与运行情况进行全面评价；（2）内部环境评价；（3）风险评估机制评价；（4）控制活动评价；（5）信息与沟通评价；（6）内部监督评价；（7）工作底稿。

3．内部控制评价应遵循的原则是什么？

内部控制评价应遵循 3 个原则：全面性原则、重要性原则和客观性原则。

4．内部控制评价的程序是什么？

内部控制评价程序一般包括制订评价控制方案、组成评价工作组、实施评价工作与测试、认定控制缺陷、汇总评价结果及编报评价报告等环节。

（五）案例分析题

案例一解析：

该子公司内部控制中存在以下缺陷。

（1）控制环境存在缺陷。由不熟悉担保业务的李某负责办理担保业务，不符合控制环境中有关员工胜任能力的要求；

（2）岗位分工控制存在缺陷。由李某一人办理担保业务的全过程不符合岗位分工和不相容岗位相互分离的要求。或：单位不得由同一部门或个人办理担保全过程业务；

（3）担保决策控制存在缺陷。没有制定担保政策和授权批准制度。或：未实行集体决策审批；

（4）子公司总经理与乙公司董事长是亲属，存在关联方关系，不应为乙公司提供担保；

（5）未对乙公司的资产质量、财务状况、经营情况等进行必要的评估。

案例二解析：

吉林省煤业集团监事会坚持"以服务为主、以监督为辅"的工作方针，做到了"依法定位不越位、准确站位不出位、确保进位不落位"。

（1）抓引导，宣传监事会职能。一年来，吉林省煤业集团监事会多渠道、多形式地强化宣传监事会的法律地位和职能作用。强化政策引导：印发了《监事会法律法规汇编》《标尺与准绳》手册，从法律层面介绍了监事会的作用和依法监督的重点内容；强化理论引导，创办了《监事信息》内部季刊；强化言论引导，利用《监事信息》等平台，先后刊发了各级国资委领导有关监事工作的讲话和文章；强化会议引导，监事会在 2009 年度监督检查工作中，第一项工作就是召开动员会议，详细阐述监事会监督检查的法律依据、主要内容、方式方法和具体要求；强化典型引导，将兴业银行、中石油监事会等成功范例和三九集团的治理失效 2 种典型做对比，既展示了成功监事会的主要经验和做法，也坦然面对监事会制度在我国所遭遇的尴尬局面和存在的主要障碍，引导大家对如何发挥监事会作用进行思考。

（2）抓调研，掌握监事会工作现状。调查现状，摸清监事会的组织基础。吉林省煤业集团监事会采取实地调查、召开座谈会及问卷调查等，掌握了直属企业监事会工作现状。调查直属企业现状，奠定监事会的工作基础。吉林省煤业集团监事会收集整理了各成员企业的经济信息。此外，集团对安全生产、经营管理、财务收支情况等每季度进行一次调查研究。了解全国现状，巩固监事会的谋划基础。查阅了《国有企业监事会制度》《国有企业外派监事会十周年回顾》《董事会》上的大量文章，监事会广泛了解各地监事会工作。在调研的基础上，吉林省煤业集团监事会确立了"保证中心目标一致，保证依法监督到位，保证资产保值增值，保证集团上下和谐"的工作目标，以及"坚持依法行权、规范运作、公平公正、履职尽责"的工作原则，形成了以财务监督为重点的整体工作思路。

（3）抓制度，构建监事会体系。监事会高度重视建章立制，编制了监事会《操作与务实》手册。监事会决策程序方面，制定了《监事会议事规则》；工作方式方面，制定了《监事会工作规范》和《关于开展当期监督工作的实施意见》；监督内容方面，制定了财务会计工作、领导班子及主要负责人业绩评价办法（2010 年 8 月发布《集团公司领导班子及主要负责人年度业绩评价报告》，规定监事会不得与企业交换意见）等 7 个监督检查办法；监督保障方面，制定了《关于向监事会提供集团公司主要经济信息的实施意见》；工作程序方面，制定了《监事会日常工作和监督检查工作流程》；交换意见方面，制定了《吉林省煤业集团监事会与企业交换意见办法》《交换意见方案》和提醒函范本；服务企业方面，建立了季度经营分析制度和调研制度，提出宏观对策与建议；工作创新方面，先后创办了《监事信息》杂志、监事网站等平台，使监事会工作有声有色；行为准则方面，制定了《监事会主席巡视制度》和监事人员《十要十不要工作规范》，明确了监事会及工作人员的工作要求和纪律。要求监事树立"三真"的工作态度，即亲企要真，履职尽责，不折不扣；爱企要真，转变作风，求实干事；利企要真，监督检查，保值增值。体系、制度、程序、行为的规范，使监事会工作有了实实在在的抓手，对各级企业形成了有效制约。

（4）抓检查，树立监事会形象。吉林省煤业集团监事会确立了"自觉与企业目标上同向，工作上合拍，行动上一致，在关键时刻顶得上去、帮得上忙、管得上用"的工作原则，通过日常监督与集中检查，树立了监事会服务大局、发展、稳定的形象。一是认真开展调研分析。坚持每季度对集团生产、经营、财务收支等情况进行一次调查，形成经营分析报告。2010年3月的年度经营分析提出了"十个下工夫"的建议。二是深入开展专项检查。在日常监督的基础上，坚持以财务监督为核心，深入开展集中检查。2009年监事会4次参加集团审计委员会组织的直属企业负责人离任审计，以及集团纪委组织的举报案件查证。2009年直属企业监事会共进行不定期和专项检查30次，与企业交换意见10次，实现了"监督检查领域不断延伸、程序不断规范、工作不断推进、成效不断显现"的目标。三是全面开展年度检查。对于2009年度的监督检查，监事会提出了在检查过程中要做到"行动上更有影响力，监督上更有说服力，形象上更有亲和力，威信上更有感召力"，坚持"依法操作、实事求是、重在提醒、志在发展"的检查原则。财务组从企业管理、内部控制、财务信息等方面开展实质性检查；考评组通过查阅资料和问卷调查，对班子和高管人员进行评价。监事会对班子的评价分为"战略决策、管理控制、运营执行、职业操守、经营业绩"5个方面25个指标；对高管人员的评价分为"经营业绩、领导能力、品质作风、廉洁从业"4个方面20个指标。经过40天的工作，监事会提交了10份监督检查报告，提出了6大类共128个问题，与集团交换意见63条。

（5）抓环境，凝聚监事会力量。日常工作中，吉林省煤业集团监事会创立并遵循"三和理论"，即对上要"和礼"，争取政策、争取支持、争取理解；对中要"和谐"，和谐班子、和谐队伍、和谐机关；对下要"和情"，合情依规、合情共事、合情一心，始终把促进集团上下齐心协力、共克时艰、确保发展作为监事会工作的出发点和落脚点。一是处理好与省国资委的关系。吉林省煤业集团监事会与国资委监事会工作处保持密切联系，经常请示汇报工作，遇到问题及时咨询，取得了工作上的直接指导和支持。二是处理好与监督对象的关系。要完善法人治理结构，就需要正确处理监事会与董事会、经营层的关系。吉林省煤业集团监事会主动与董事会和经营层沟通，重大事项和重要活动提前通报，与之形成了互相支持、互相促进、相辅相成的工作氛围。董事会认识到位，大力支持、积极配合，主动与监事会沟通情况，听取监事会的意见，为监事会创造了良好的工作环境。三是处理好与内部监督机构的关系。为推动集团纪检监察、审计、职代会等内部监督机构相互沟通、相互衔接、协调一致，吉林省煤业集团监事会做到了"四个协同"，即监事会与审计、纪委、监察、职代会等机构的协同，致力于构筑大监督格局。监事会通过列席相关部门会议和文件传阅等途径，及时了解重大情况，交换工作意见，实现了整合资源、信息共享、互相支持，形成了监督合力，提高了监督效果。四是处理好与外部监督机构的关系。为提高监事会监督检查效率，监事会与会计师事务所建立了工作联系。在2009年度监督检查过程中，监事会与进行年审的会计师事务所保持密切联系，参考和利用其审计结果，有重点、有针对性地开展检查，节约了检查成本，提高了工作效率。

模拟试卷一参考答案

一、名词解释题（共4小题，每题4分，共计16分）

1. 内部控制：是由企业董事会、监事会、经理层和全体员工实施的（2分）、旨在实现控制目标（1分）的过程（1分）。

2. 利益相关者：就是任何可能影响企业目标或被企业目标影响的个人或集团（2分），包括所有者（股东）、董事会、经理层、债权人与债务人、员工、供应商与客户、政府与社会等（2分）。

3. 控制活动：是有助于确保管理层的风险反应被执行的一些方针政策和程序（2分）。控制措施一般包括：不相容职务分离控制、授权审批控制、会计系统控制、财产保护控制、预算控制、运营分析控制和绩效考评控制（2分）。

4. 分离式牵制：即不相容职务相分离，所谓不相容职务是指那些如果由一个人或一个部门担任既可能发生错误和舞弊行为（2分），又可能掩盖其错误和舞弊行为的职务（2分）。

二、简答题（共3小题，每题5分，共计15分）

1. 公司治理的影响因子。

公司治理的影响因子包括：公司自身的股权结构和运行机制（2分）；公司控股股东的身份（1分）；公司的发展阶段及其规模（1分）；公司所处的外部市场环境和市场结构（1分）。

2. 所有权与控制权分离会导致哪两类公司治理问题，并列举其具体表现形式。

第一类问题是"内部人控制问题"，即大股东与管理者的委托代理问题，公司内部管理者通过控制权侵害股东利益。表现形式为：资产转移、过度投资、在职消费，建立个人王国，薪酬过高等（3分）。第二类问题是"大股东侵害小股东利益问题"。表现形式：关联交易，大股东掏空公司，资金占用等。（2分）

3. 内部审计师在内部控制中的任务与责任。

内部审计师在评价内部控制有效性方面起着重要的作用，对维持有效性也有所贡献（3分）。内部审计职能部门因为其在企业中的地位和权力，起着重要的监督作用（2分）。

三、辨析题（共3小题，每题6分，共计18分）

1. 控制环境处于内部控制的五大要素之首。

正确（2分）。控制环境决定了企业的基调，影响企业员工的控制意识（2分）。它是其他要素的基础，为其他要素提供了基本准则和框架（2分）。

2. 内部控制可以保证财务报表的可靠性和法律法规的遵循性。

错误（2分）。一个内部控制系统，无论设计和运行得多么完善，也只能为管理层和董事会就公司目标的实现提供合理保证，而不是绝对的保证（4分）。

3. 内部控制与公司治理水火不相容。

错误（2分）。内部控制与公司治理不是主体与环境的关系（2分）；离开公司治理结构，内部控制就没有完整性（1分）；有效的内部控制是完善公司治理的重要保障（1分）。

四、案例分析题（共 2 小题，每题 15 分，共计 30 分）

1. 解析：

（1）管理费用事项的执行与货款支付、报销等不能由出纳一个人完成（2分），因为《内部会计控制规范——基本规范》中规定，禁止由同一个人办理货币资金业务的全过程（1分）。

（2）出纳员少跑银行的做法（1分），共违反了两项相关规定：超限额保存现金、坐支现金（1分），未将款项及时送存银行（1分）。

（3）私自出借现金给亲友应急的做法属于挪用资金的行为，应该严格禁止（2分）。挪用资金行为的发生也是以现金不及时送存银行为前提的，是内部控制失效的结果（1分）。

（4）空白支票、预留印鉴由一个人保管的做法违规（2分），容易导致个人窃取单位资金的行为（1分）。

（5）企业出纳岗位 5 年没有轮换，可能会出现各种作弊行为（2分），企业应考虑根据实际情况适当轮换岗位（1分）。

2. 解析：

（1）销售部对单据审核不严（3分），对本企业财务专用章不熟悉，而且没有注意到缺少财务经办人员私章等问题（3分）。一般要求，企业在编制销售通知单、组织发货的环节都应该认真审核单据的真实性，确保安全发货（3分）。

（2）销售部、财务部缺乏对单据的及时核对（3分）。《内部会计控制规范——销售与收款》第十八条规定：单位应当在销售与发货各环节设置相关的记录、填制相应的凭证，建立完整的销售登记制度，并加强销售合同、销售计划、销售通知单、发货凭证、运货凭证、销售发票等文件和凭证的相互核对工作。增塑剂厂显然没有及时核对销售的相关单据，因此导致长时间没有发现货物被骗走的情况，为警方破案增加了难度（3分）。

五、综合题（共 1 小题，每题 21 分，共计 21 分）

（1）董事会、经理层、风险管理部门、内部审计部门在内部控制中有非常重要的作用，并应承担相应的责任。

① 董事会。董事会直接影响内部环境这一控制基础（1分），其在内部控制中的职责表现为：科学选择经理层并对其实施有效监督；清晰了解企业内部控制的范围；就企业的最大风险承受度形成一致意见；及时知悉企业最重大的风险以及经理层是否恰当地予以应对（2分）。董事会对内部控制的建立健全和有效实施负总责。A 公司董事会的失误在于将自己负责的监督职能不恰当地授权给 A 公司的管理层，缺乏有效的监督，同时在选择和授权方面也存在问题，董事会应该根据科学的方法选择管理层，在选择管理层时采用亲属关系作为标准是不恰当的，对于其授权也存在不恰当之处。另外，存在对李某没有将发现的问题向董事会做出报告的行为是双方沟通不畅通造成的（1分）。

② 经理层。经理层直接对一个单位的经营管理活动负责（2分）。总经理在内部控制中承担重

要责任，其职责包括：贯彻董事会及其审计委员会对内部控制的决策意见；为其他高级管理人员提供内部控制方面的领导和指引；定期与人事、财务、采购、生产、营销等主要职能部门和业务部门的负责人进行会谈，对他们控制风险的措施及效果进行督导和核查等。管理层负责组织领导单位内部控制的日常运行（1分）。

A 公司管理层的缺陷主要包括2个方面，第一个方面是首席执行官李某诚信和道德价值的扭曲，第二个方面是部分高级管理人员存在缺失，如财务经理存在严重失职（2分）。

③ 内部审计部门。内部审计部门在评价内部控制的有效性，以及提出改进建议等方面起着关键作用（2分）。企业应当授予内部审计部门适当的权力以确保其独立地履行审计职责；对内部审计部门负责人的任免应当慎重；内部审计部门负责人与董事会或审计委员会应保持顺畅沟通；应当赋予内部审计部门追查异常情况的权力和提出处理处罚建议的权力。A 公司内部审计部门的缺陷在于由首席执行官直接负责，使其在设置上就缺乏了有效的监督，同时内部审计部门与审计委员会之间也没有实现有效的沟通，造成没有及时发现企业内部控制方面存在的问题（1分）。

（2）甲集团公司领导在会议发言中的观点存在的不当之处。

① 甲集团公司董事长何某存在以下不当之处。

不当之处：集团公司和各子公司今后要将内部控制作为重点工作来抓，将保护资产安全作为唯一的目标来抓（2分）。

理由：内部控制的目标并不仅仅是保护资产安全，应该是促进实现发展战略、促进提高经营效率和效果、促进提高信息报告质量、促进维护资产安全和促进企业经营管理合法合规5个方面（1分）。

② 甲集团公司总会计师孙某存在以下不当之处。

不当之处：要求今后各子公司和集团公司的内部审计部门的负责人不能够由总经理或首席执行官兼任，必须由财务负责人统一负责，统一管理，加强向董事会审计委员会报告的制度，不能每次的报告内容相同，必须要有不同之处（2分）。

理由：内部审计部门应该相对独立，不能够与财务部门一同归财务负责人管理，同时对于每期报告的内容不能相同的要求，过于苛刻，应该根据实际情况详细报告（1分）。

③ 甲集团下属B公司总经理存在以下不当之处。

不当之处：要加大对于风险管理部门权力的下放，让其有尚方宝剑可以直接进行管理，今后要求其定期与各个主要的职能部门的高级管理人员进行会谈，可以定期核查他们是如何管理风险的，并对应做出有效的措施（2分）。

理由：风险管理部门的职责并不是管理职责，让其承担管理层的职责是不恰当的（1分）。

模拟试卷二参考答案

一、名词解释题（共4小题，每题4分，共计16分）

1. 内部牵制：是以查错防弊为目的，以职务分离、账目核对为手段，以钱、账、物等为主要控制对象。内部牵制是以不相容职务分离为主要内容的流程设计，是内部控制的最初形式和基本形态（2分）。内部牵制按照实现机制的不同，可分为分离式牵制和合作式牵制2类（2分）。

2. 内部控制的适应性原则：内部控制应当与企业的经营规模、业务范围、竞争状况和风险水平等相适应（2分），并随着情况的变化及时加以调整（2分）。

3. 公司治理的合约性：是指公司各利益关系人（2分）通过签订合约来规定各自的权、责、利（2分）。

4. 内部审计：是指由被审计单位内部的机构或人员（2分），对其内部控制的有效性、财务信息的真实完整性以及经营活动的效率和效果等开展的一种评价活动（2分）。

二、简答题（共3小题，每题5分，共计15分）

1. 如何才能让独立董事既"独立"又"懂事"？

（1）提名、任期与任职资格；

（2）薪酬、激励与考评；

（3）行使职权的程序；

（4）问责机制；

（5）职业化、专业化发展；

（6）股权结构、法律环境等。

注：本题每答对一点给1分，满分为5分。

2. 简述典型的公司治理模式（列举4种）。

以英美为代表的市场主导型治理模式（2分）；以德日为代表的机构主导型模式（1分）；以拉美、东亚为代表的家族治理模式（1分）；以前苏联、东欧为代表的转轨经济国家的治理模式（1分）。

3. 简述集中分布型股权结构的表现及特征。

表现：股权高度集中，绝对控股股东一般拥有公司股份的50%以上，对公司拥有绝对控制权（3分）。

特征：在这种股权结构下，大股东缺少来自其他小股东的约束和制衡，导致其容易干预经营者行为，甚至与经营者合谋共损小股东的利益（2分）。

三、辨析题（共3小题，每题6分，共计18分）

1. 内部控制的任务与责任主要由内审部门承担。

错误（3分）。内部控制需要全体员工的参与，所有部门、员工都负有责任（2分）。董事会是最终责任人（1分）。

2. 内部控制导致大量规章要遵守，一堆表格要填，许多公章要盖，既滋生官僚作风，又缺乏效率和人性。

错误（3分）。实现控制目标，规章、表格和公章是必要的（2分）。它们在特定情况下可能会影响工作速度，但决不应当把它们与官僚作风、缺乏效率和缺乏人性等画上等号。如果没有这些程序，可能更缺乏效率，更滋生官僚作风，更缺乏人性，尤其是在一些庞大的企业集团中（1分）。

3. 只需强化内部控制环境，就可以保证全面的内部控制系统的有效性。

错误（3分）。内部控制框架是一个系统，包含5个要素，缺少任何一个要素都不能保证企业内部控制的有效性（3分）。

四、案例分析题（共 2 小题，每题 15 分，共计 30 分）

1. 解析：

（1）机械厂采购不相容岗位没有分设（2 分）。第一组不能既请购又决定采购，既询价又确定供应商；第二组不能既采购又验收入库（私自变卖 2 吨钢材的行为就是不相容岗位没有分离的结果）。（3 分）

（2）采购岗位之间越权（2 分）。采购部门应该根据确定的供应商采购，但是第二组擅自决定另行选择供应商，是越权行为；第二组没有根据给定的采购任务采购，而是听信别人宣传。购买别的商品，也是越权行为（3 分）。

（3）对重大的技术性强的购买决策，应通过专家论证，集体决策确定是否购买（2 分）。第二组直接决定采购技术发生重大变化的材料不符合内部控制要求，应通过特定程序进行决策（专家论证、集体决策等）（3 分）。

2. 解析：

（1）企业安排出纳员登记期间费用的做法违背了不相容岗位分离的原则，出纳员不应该兼任稽核、会计档案保管和收入、支出、费用、债权债务账目的登记工作（3 分）。

（2）基于同样的原因，由出纳员收款并开具销售票的做法容易导致错弊，开票和收款应该由不同的人完成（3 分）。

（3）付款的程序不对，在支付货款之前应该经过复核和批准，如果是货到付款，还应该有检验合格的单据（3 分）。

（4）结算账户可以根据需要开设，但是在余额不足的账户开空头支票的做法是错误的，这不但达不到融资的目的，而且其效果会适得其反（3 分）。

（5）期末现金短款，本质上是白条抵库，在款项支付前，一定要由有权批准的人员批准后方可付款，而且对当期发生并已经完成的业务应该及时处理，使账实相符（3 分）。

五、综合题（共 1 小题，每题 21 分，共计 21 分）

1. 甲公司制定的内部控制的总体目标不完整。甲公司制定的总体目标缺少"资产安全"的目标，内部控制的五个目标缺一不可（2 分）。

2. 甲公司在内部环境控制中存在缺陷。

（1）由财务负责人领导内部审计部门的观点不恰当。由财务负责人领导内部审计部门将导致内部审计部门不具有相对独立性（2 分）。

（2）对于研究生以上学历的员工无需培训的观点不恰当。应该对所有的员工进行培训，而不能以学历作为判断的标准（2 分）。

3. 资金活动的控制存在缺陷。

（1）甲公司财务经理与出纳员是兄妹关系，属于直系亲属，违背了回避制度的规定。企业应建立回避制度（2 分）。

（2）甲公司违背了不相容职务应当相互分离的原则，由出纳员编制银行存款余额调节表并由其兼任稽核，很容易出现舞弊行为（2 分）。企业应当指定专人定期核对银行账户，且每月至少核对一次（2 分）。

4. 销售业务控制存在缺陷。

（1）甲公司在销售政策的制定上不够科学合理，信用政策过宽（2 分）。企业应当加强市场调查，合理确定定价机制和信用方式，根据市场变化及时调整销售策略，采用多种策略和营销方式，不断提高市场占有率。企业应当健全客户信用档案，关注重要客户资信变动情况，采取有效措施，防范信用风险。

（2）甲公司的销售激励政策不利于风险控制（2分）。业务员只顾发货，增加营业收入，拿取提成，不管后期催收，疏于应收账款管理，致使坏账比率越来越高，给企业造成损失。

5. 工程项目控制存在缺陷。

（1）甲公司在工程招标、支付款项等方面，全部由总经理 D 一支笔审批，违背了项目的可行性研究与项目决策应当分离、项目实施与款项支付应当分离的内部控制原则（2分）。公司应当建立工程项目的集体决策制度，决策过程应有完整的书面记录。严禁任何个人单独决策工程项目或者擅自改变集体决策意见。

（2）由于总经理 D 独断专横，权力过大，在验收中又不敢得罪施工方，工程质量的验收形同虚设，致使生产中不断出现事故。企业应当及时组织设计、施工、监理等有关单位进行竣工验收（1分）。验收合格的工程项目，应当编制交付使用财产清单，及时办理资产移交手续（2分）。

模拟试卷三参考答案

一、名词解释题（共 6 小题，每题 3 分，共计 18 分）

1. 企业风险管理：是一个受企业董事会、管理层和其他人士影响的过程（1分），用于制定战略之中，并且贯穿整个企业，用以识别可能影响该企业的潜在事项，并且将风险控制在风险偏好的范围之内（1分），为达到实体目标提供合理的保证（1分）。

2. 制衡性原则：是指内部控制应当在治理结构、机构设置及权责分配、业务流程等方面（1分）形成相互制约、相互监督（1分），同时兼顾运营效率（1分）。

3. 风险评估：是指企业及时识别、系统分析（1分）经营活动中与实现内部控制目标相关的风险（1分），并合理确定风险应对策略（1分）。

4. 企业文化：是指企业在生产经营实践中逐步形成的（1分）、为整体团队所认同并遵守的价值观、经营理念和企业精神（1分），以及在此基础上形成的行为规范（1分）的总称。

5. 特别授权：是指企业在特殊情况（1分）、特定条件下（1分）进行的授权（1分）。

6. 利益相关者：是指任何可能影响企业目标或被企业目标影响的个人或集团（2分），包括所有者、董事会、经理层、债权人与债务人、员工、供应商与客户、政府与社会等（1分）。

二、简答题（共 3 小题，每题 5 分，共计 15 分）

1. 简述内部审计机构对监督检查中发现的内部控制缺陷的报告路径。

内部审计机构对监督检查中发现的内部控制缺陷，应当按照企业内部审计工作程序进行报告（2分）；对监督检查中发现的内部控制重大缺陷，有权直接向董事会及其审计委员会、监事会报告（3分）。

2. 简述企业文化的主要风险。

企业缺乏积极向上的企业文化，员工丧失对企业的信心和认同感，缺乏凝聚力和竞争力（2分）；缺乏开拓创新、团队协作和风险意识，企业发展目标难以实现，影响可持续发展（2分）；企业缺乏诚实守信的经营理念，舞弊事件的发生，造成企业损失，影响企业信誉（1分）。

3. 简述我国企业内部控制的基本要素有哪些。

我国企业内部控制的基本要素包括控制环境（1分）、风险识别（1分）、控制活动（1分）、信息和沟通（1分）、内部监督（1分）。

三、辨析题（共3小题，每题5分，共计15分）

1. 只需强化内部控制环境，就可以保证全面的内部控制系统的有效性。

错误（2分）。内部控制框架是一个系统，包含5个要素，缺少任何一个要素都不能保证企业内部控制的有效性（3分）。

2. 经理层对内部控制有效性负全责。

错误（2分）。董事会对建立健全和有效实施内部控制负责。或：经理层负责组织领导企业内部控制的日常运行（3分）。

3. 由审计部经理兼任审计委员会主席。

错误（2分）。审计委员会主席应当由独立董事担任。或：审计委员会主席应该具有独立性。或：审计部经理兼任审计委员会主席违背了制衡性原则（或：不相容职务相互分离）的要求（3分）。

四、案例分析题（共2小题，每题15分，共计30分）

1. 解析：

（1）公司对与预算编制有关的机构的职责划分不清晰（3分）。董事会是预算审批和预算调整审批的机构，应由董事会决定是否进行调整。从本例情况看，很可能是职责规定不清造成的。公司应该明确与预算编制有关机构的职责和权限，避免预算编制、执行、调整、监督检查等过程中可能出现的紊乱（3分）。

（2）预算编制机构应该是预算管理机构，即财务部。由董事会编制年度预算并自行决定实施的做法不符合岗位分工原理，预算编制和审批是不相容的岗位，应该分设机构办理两项业务（3分）。

（3）年度预算应该分解为季度和月度预算，以便于随时对预算执行情况进行监督。本例到10月才发现实际执行情况与预算有很大差异，说明公司很可能没有编制月度、季度预算，以致不能及时发现预算执行中可能存在的问题，或者没有实施预算执行情况内部报告制度和预警制度。正确的做法应该是制定月度、季度预算后，实施执行情况内部报告和预警制度，及时发现预算执行中的问题（3分）。

（4）公司在是否调整预算的问题上，不但审批机构不符合规定，而且没有把握好审批的重点，公司单纯认为实际情况与预算有较大偏差，预算失去了意义因而立即进行调整，使它符合实际情况，是片面的看法。正确的做法应该是，公司重点对预算执行中的偏差进行分析，找出原因，然后判断是否应该调整，是否需要采取其他奖惩措施等（3分）。

2. 解析：

（1）财务部经理的妻子担任出纳违背了回避制度（3分）。

（2）出纳人员同时办理取款、购买、报销手续不符合采购与付款岗位分工控制的要求（3分）。

（3）支取款项的印章都由总经理亲自保管不符合印章控制的规定（3分）。

（4）原材料采购授权批准控制制度没有严格实施（3分）。

（5）该公司年度预算的制定、批准、调整不符合规定（3分）。

五、综合题（共 1 小题，每题 22 分，共计 22 分）

（1）无筹资业务决策环节的控制制度（2 分）。按照内部控制要求，企业必须对筹资预算的编制和审批、筹资方案的拟订、筹资决策程序等做出明确规定（2 分），确保筹资决策科学、合理。而泰山股份的一切决策均由泰山集团决定，根本没有相关筹资方案的集体决策制度（2 分）。

（2）筹资计划的制定人与审批人没有分离（2 分）。集团与公司的人员、财产、财务没有分开（2 分），泰山集团和泰山股份的董事长、总经理、党委书记都是由同一个人担任（2 分），实际上是用一套人马挂两块牌子，所以审批人和制定人其实是同一主体，根本达不到监控筹资计划是否合乎公司实际的目的（2 分）。

（3）董事会形同虚设，滥用授权（2 分）。董事会已经被大股东的代表控制，其他董事根本不能参与公司重大筹资、投资决策，董事会丧失了监控、审批筹资计划的功能（2 分）。

（4）替泰山集团免费担保，无视风险控制（2 分）。由于泰山集团大肆扩张，经营风险和财务风险日益扩大，而且缺少必要的反担保措施，集团无力偿还而背上了沉重的包袱，这加剧了泰山股份公司财务的恶化（2 分）。

（5）缺少严格的内部会计、审计监督，无法达到对资金的有效监控（2 分）。

模拟试卷四参考答案

一、名词解释题（共 6 小题，每题 3 分，共计 18 分）

1. 内部控制（基本规范）：是由企业董事会、监事会、经理层和全体员工实施的（1 分）、旨在实现控制目标的过程（2 分）。

2. 全面性原则：包括内部控制应当贯穿决策、执行和监督全过程（1 分），覆盖企业及其所属单位的各种业务和事项（2 分）。

3. 内部环境：是企业实施内部控制的基础（2 分），一般包括治理结构、机构设置及权责分配、内部审计、人力资源政策、企业文化等（1 分）。

4. 发展战略：是指企业在对现实状况和未来趋势进行综合分析和科学预测的基础上（1 分），制定并实施的长远发展目标与战略规划（2 分）。

5. 常规授权：是指企业在日常经营管理活动（1 分）中按照既定的职责和程序（2 分）进行的授权。

6. 公司治理：是指基于公司所有权与控制权分离而形成的公司所有者、董事会和高级经理人员及公司利益相关者之间的一种权力和利益分配（1 分）与制衡关系（1 分）的制度安排（1 分）。

二、简答题（共 3 小题，每题 5 分，共计 15 分）

1. 简述公司治理产生的动因。

经理人的高薪引起了股东和社会的不满（1 分）；机构投资者兴起与股东参与意识的提高（1 分）；敌意收购对利益相关者的损害（1 分）；公司丑闻案件是引发各国公司治理改革的直接动力（1 分）；投资者投资对象的选择（1 分）；转轨经济国家存在的"内部人控制"。

2. 企业如何制定发展战略？应考虑哪些因素？

企业应在充分调查研究、科学分析预测和广泛征求意见的基础上制定发展目标（2 分），而不是靠拍脑袋，盲目制定发展战略。在制定目标的过程中，企业应综合考虑宏观经济政策、国内外市场需求变化、技术发展趋势、行业及竞争对手状况、可利用资源水平和自身优势与劣势等影响因素（3分）。

3. 什么是"白衣骑士"？

当公司成为其他企业的并购目标后，公司的管理层为了阻止恶意接管的发生（3分），去寻找一家"友好"公司进行合并，而这家友好公司就被称为"白衣骑士"（2分）。

三、辨析题（共3小题，每题5分，共计15分）

1. 内部控制是企业的一个长期目标。

错误（2分）。内部控制是一个实现目标的过程，而其本身并非目标，因此将内部控制作为一个长期目标是错误的（3分）。

2. 企业内部控制建设将完全依赖于公司中层以上管理人员。

错误（2分）。内部控制要由企业各级人员实施与配合，将公司内部控制建设全部归于中层以上管理人员，忽略了其他员工的参与和配合，是错误的（3分）。

3. 一般来说，出纳与会计必须由两人担任，可以降低风险。

正确（2分）。这符合内部牵制原则，即一项完整的经济业务活动，必须经过具有相互制约关系的两个或两个以上的控制环节才能完成（3分）。

四、案例分析题（共2小题，每题15分，共计30分）

1. 解析：

A公司内部控制存在以下缺陷。

（1）采购前未执行请购程序（4分）；

（2）采购未经授权（4分）；

（3）请购过量、单价过高的商品未建立特殊控制程序，无采购预算（4分）；

（4）授权核准与采购的执行未明确划分权责（3分）。

2. 解析：

该子公司内部控制中存在下列薄弱环节。

（1）工程项目的可行性研究存在缺陷，不应仅由工会有关人员进行可行性研究（3分）。

（2）公司董事会授权工会主席张某全权负责工程项目实施和工程价款支付的审批，属于授权批准不当（3分）。

（3）工会主席私自决定施工单位，表明该公司授权批准程序存在缺陷（3分）。

（4）工程变更追加预算应经过董事会等决策机构的批准，不能仅由张某一人签字批准（3分）。

（5）竣工验收控制不严，不应仅由工会人员进行竣工验收（3分）。

五、综合题（共1小题，每题22分，共计22分）

B公司在销售与收款内部控制中存在的缺陷有：

（1）没有根据批准的订单编制销售通知单（4分）。

（2）销售单不应由仓库编制，也不能代替装运凭证（4分）。

（3）货物的发货与装运职责不应由同一部门承担（4分）。

（4）会计部门开具销售发票时没有核对装运凭证、销售单和商品价目表（4分）。

（5）销售账和收款两项不相容职务不应由同一人办理（3分）。

（6）没有对销售与收款业务进行独立稽核（3分）。

模拟试卷五参考答案

一、名词解释题（共6小题，每题3分，共计18分）

1. 公司治理：就是基于公司所有权和控制权分离而形成的（1分）公司所有者、董事会和高级经理人员及公司利益相关者之间的（1分）一种权利和利益分配与制衡关系的制度安排（1分）。

2. 董事会：是依照有关法律、行政法规和政策规定（1分），按《公司法》或《企业章程》设立（1分），并由全体董事组成的业务执行机关（1分）。

3. 金色降落伞：是指雇用合同中按照公司控制权变动条款（1分），对失去工作中的管理人员（1分）进行补偿的分离规定（1分）。

4. 风险规避：是指企业对超出风险承受度的风险（1分），通过放弃或者停止与该风险相关的业务活动（1分）以避免和减轻损失的策略（1分）。

5. 常规授权：又称一般授权，是指企业在日常经营管理活动（1分）中按照既定的职责和程序（1分）进行的授权（1分）。

6. 内部信息：是指企业的各种业务报表和分析报告（1分），有关生产方面、技术方面的资料以及经营管理部门制定的计划、经营决策等方面的情况（1分）。内部信息主要包括：财务信息、生产经营信息、销售信息、技术创新信息、综合管理信息等（1分）。

二、简答题（共3小题，每题5分，共计15分）

1. 简述业主制企业的主要特点。

个人出资，企业的成立方式简单（1分）；资金来源主要依靠储蓄、贷款等，但不能以企业名义进行社会集资（1分）；承担无限责任（1分）；企业收入为业主收入，业主以此向政府缴纳个人所得税（1分）；企业寿命与业主个人寿命联系在一起（1分）。

2. 证券市场在控制权配置中的作用。

证券市场的价值职能为控制权配置主体的价值评定奠定了基础（2分）；发达的资本市场造就了控制权配置主体（1分）；资本市场上的投资多样化为控制权市场配置提供了重要推动力（2分）。

3. 简述公司治理与内部控制的联系。

（1）具有同源性。公司治理与内部控制都与现代公司两权分离所引发的代理问题密切相关（2分）。

（2）具有共同载体。公司治理机制与内部控制制度作为一系列制度安排，要想发挥其作用就必须依附于一定的组织载体（2分）。

（3）存在着交叉区域。首先，控制主体存在交叉性。其次，适用对象的交叉性。最后，总目标的一致性（1分）。

三、辨析题（共3小题，每题5分，共计15分）

1. 风险识别只需要对资产当前所面临的和潜在的风险加以判断、归类和对风险性质进行鉴定，不需要考虑到未来的因素。

错误（2分）。风险识别是指对资产当前或未来所面临的和潜在的风险加以判断、归类和对风险性质进行鉴定的过程（3分）。

2. 应用控制是指间接作用于企业生产经营业务活动的具体控制。

错误（2分）。应用控制是指直接作用于企业生产经营业务活动的具体控制，也称业务控制，如业务处理程序中的批准与授权、审核与复核，以及为保证资产安全而采用的限制接近等项控制（3分）。

3. 外部信息主要包括：财务信息、生产经营信息、销售信息、技术创新信息、综合管理信息等。

错误（2分）。外部信息是指从企业外部所获取的信息。外部信息主要包括：国家法律法规，相关监管机构信息，经济形势信息，客户、供应商信息，科技进步和社会文化信息等（3分）。

四、案例分析题（共 2 小题，每题 15 分，共计 30 分）

1. 解析：

保管支票和印章（3分）、对银行存款余额进行调节（3分）以及登记材料明细账（3分）不符合内部控制要求，违背了货币资金业务的岗位分工（6分）。

2. 解析：

该企业控制强点：

（1）材料采购按计划进行，如无计划需特殊批准，可防止盲目采购（3分）。

（2）由供销科填写订货单，可防止按采购员个人意愿选择采购材料的品种等问题的发生（3分）。

（3）仓库、供销科、财务科各自取得采购合同和验收单，便于三个部门相互检查，防止出错（2分）。

该企业控制弱点：

（1）仓库只填一联"请购单"，不宜发现供销科在未经厂长批准前自行订货的现象（3分）。

（2）材料采购虽按计划进行，但对此无相应检查措施（3分）。

（3）采购业务的批准与执行均由供销科一个部门负责，缺乏必要的牵制（1分）。

五、综合题（共 1 小题，每题 22 分，共计 22 分）

（1）"单笔付款金额在 50 万元以上的，由总经理审批"不恰当（1分）。《企业内部控制应用指引第 1 号——组织结构》明确要求，企业的重大决策、重大事项、重要人事任免及大额资金支付业务等（即通常所说的"三重一大"），应当按照规定的权限和程序实行集体决策审批或者联签制度；任何个人不得单独进行决策或者擅自改变集体决策意见（2分）。因此，对公司总经理的货币资金支付审批权限，也应设定上限，超过设定审批权限的，应通过集体决策和审批进行"特别授权"，甚至由公司董事会集体决策和审批，总经理、董事长等也不能例外。

（2）内部审计部与财务部一并由总会计师分管不恰当（1分）。内部审计是一项自我独立评价活动，为保证内部审计独立，必须做到机构独立、工作独立、人员独立，财会部门的工作是内部审计的主要工作对象，总会计师分管内部审计部将影响内部审计部工作的独立性（2分）。

（3）"投资部的 B 职员负责对外投资项目的可行性分析论证及审批"不恰当，违背了不相容职务分离控制的要求（1分）。《企业内部控制应用指引第 6 号——资金活动》明确规定，对外投资项目的可行性分析论证和审批属于两个不相容岗位，应相互分离（2分）。

（4）公司建立的采购申请制度不恰当（1分）。《企业内部控制应用指引第 7 号——采购业务》要求企业建立采购申请制度，依据购买物资或接受劳务的类型，确定归口管理部门，明确相关部门或人员的职责权限及相应的请购和审批程序（2分）。具有请购权的部门对于预算内采购项目，应当严格按照预算执行进度办理请购手续，对于超预算和预算外采购项目，应先履行预算调整程序，由具备审批权限的部门和人员审批后，再行办理请购手续。

（5）"销售发票的其中一联交财务部 D 职员据以登记与销售业务相关的总账和明细账"不恰当（1分），登记总账与明细总账属不相容职务，因当予以分离（2分）。

（6）该公司的某一子公司违反了《企业内部控制应用指引第 9 号——销售业务》的岗位分工规定（1分）。

一是该子公司的出纳人员同时负责办理货款结算和账务处理，这是极其严重的内部控制漏洞，很容易造成货币资金的舞弊、销售收入做假账等行为（2分）。

二是公司没有专门的客户信用管理专人和机构，不能了解和掌握客户的资信情况，会使销售款项不能收回或遭受欺诈（1分）。

（7）公司董事长郑某等人挪用公司款项的行为不正确（1分）。企业的重大决策、重大事项、重要人事任免及大额资金支付业务等（即通常所说的"三重一大"），应当按照规定的权限和程序实行集体决策审批或者联签制度，任何个人不得单独进行决策。该公司董事长郑某等人的行为存在舞弊（2分）。

模拟试卷六参考答案

一、名词解释题（共 6 小题，每题 3 分，共计 18 分）

1. 合伙制企业：是指由两个或两个以上（1分）合伙人共同创办的企业（1分）。通常这种企业不具有法人资格（1分）。

2. 资本结构：是指企业各种资本的构成及其比例关系（3分）。

3. 激励机制：也称激励制度，是通过一套理性化的制度来反映激励主体与激励客体相互作用的方式（1分），是企业将远大理想转化为具体事实的连接手段（1分），激励机制的内涵就是构成这套制度的几个方面的要素（1分）。

4. 焦土战术：是指目标公司在遇到收购袭击而无力反击时（1分），所采取的一种两败俱伤的做法（2分）。

5. 合作式牵制：是指通过合作（1分）达到相互制约（1分）、相互监督（1分）的作用。

6. 重要性原则：是指内部控制应当在全面控制的基础上（1分），关注重要业务事项和高风险领域（2分）。

二、简答题（共 3 小题，每题 5 分，共计 15 分）

1. 代理成本的内容。

代理成本包括 2 个方面：一是委托人和代理人之间因"道德风险"和"逆向选择"而存在非协议、非效率的剩余损失（2分）；二是委托人为了自己的效用目标而对代理人的经济行为进行约束、激励、监督所产生的约束成本和监督成本（3分）。

2. 机构投资者的特征。

机构投资者的特征主要有以下几点：机构投资者在进行投资时追求的是具有中长期投资价值的股票（2分）；机构投资者都拥有行业及公司分析专家、财务顾问等人才，具有人才优势（2分）；机构投资者可以利用股东身份，加强对上市公司的影响，参与上市公司的治理（1分）。

3. 什么是"三重一大"？有什么要求？

企业的重大决策、重大事项、重要人事任免及大额资金支付业务等，即通常所说的"三重一大"（3分）。"三重一大"应当按照规定的权限和程序实行集体决策审批或者联签制度；任何个人不得单独进行决策或者擅自改变集体决策意见（2分）。

三、辨析题（共3小题，每题5分，共计15分）

1. 《银行法》的限制和《公司法》的限制是我国债权人治理机制弱化的原因之一。

正确（2分）。《银行法》的限制、《公司法》的限制、企业破产机制的缺陷、政府的干预是我国债权人治理机制弱化的原因（3分）。

2. 内部控制定义中的"过程"是指静止的结果。

错误（2分）。内部控制定义中的"过程"是指动态的监控（3分）。

3. 独立董事在我国公司治理结构中只是一个花瓶。

错误（2分）。尽管我国独立董事实施过程存在一些问题，但独立董事制度可以改善我国公司的治理结构、提高监督效率，降低代理成本，保护中小股东权益（3分）。

四、案例分析题（共2小题，每题15分，共计30分）

1. 解析：

A公司在内部控制方面存在的缺陷主要有：

（1）货币资金业务的不相容岗位未分离，违反货币资金的收付和控制货币资金的专用印章不得由一人兼管、出纳人员应与货币资金的稽核人员相分离的要求（8分）。

（2）销售与收款业务的不相容岗位未分离或内部控制失效，违反开具发票与发票审核岗位应当分离，编制销售发票通知单与开具销售发票分离的要求（7分）。

2. 解析：

（1）存货的保管和记账职责未分离。将可能导致存货保管人员监守自盗，并通过篡改存货明细账来掩饰舞弊行为，存货可能被高估（3分）。

（2）仓库保管员收到存货时不填制入库通知单，而是以验收单作为记账依据。将可能导致一旦存货在数量或质量上出现问题，公司无法明确是验收部门还是仓库保管人员的责任（3分）。

（3）领取原材料未进行审批控制。将可能导致原材料的领用失控，造成原材料的浪费或被贪污，以及生产成本的虚增（3分）。

（4）领取辅助材料时未使用领料单和进行审批控制，对剩余的辅助材料缺乏控制。将可能导致辅助材料的领用失控，造成辅助材料的浪费或被贪污，以及生产成本的虚增（3分）。

（5）未实行定期盘点制度。将可能导致存货出现账实不符现象，且不能及时发现，同时导致计价不准确（3分）。

五、综合题（共1小题，每题22分，共计22分）

（1）资料一中所描述的M公司出纳岗位设计和执行情形分析如下。

① 错误（1分）。出纳岗位是敏感和重要的工作岗位，应实行强制休假并定期轮换，但是M公司出纳员休假时出纳岗位的工作交由记账会计兼任的做法不恰当，这其实是由一个人同时担任出纳和会计记账这两个不相容的工作，不相容岗位未进行职责分离（2分）。

② 错误（1分）。"白条抵库"本身是违反现金管理规范的行为（1分）。

③ 错误（1分）。取得并编制银行存款余额调节表与出纳岗位是不相容的岗位，这两项业务不能由同一个人兼任（1分）。

④ 错误（1分）。出纳员的个人名章应由本人保管，不适合交给财务负责人保管，因为财务负责人可能管理财务专用章（1分）。货币资金的内部控制严禁一人保管支付款项所需的全部印章（1分）。

⑤ 错误（1分）。从内部控制设计的角度来看，财务负责人的直系亲属不能担任出纳岗位，因为财务负责担任审批付款的职责，出纳负责具体办理付款，审批付款和办理付款是两个不相容的岗位，不能由两个有直接利害关系的人员负责（1分）。

（2）资料二中所描述的 M 公司中各业务环节的岗位职责设计分析如下。

① 正确（1分）。M 公司在采购业务环节，询价与确定供应商是不相容的岗位，合同订立和合同审批是不相容的岗位，而供应商确定与合同订立是相容的岗位（1分）。

② 错误（1分）。M 公司在销售业务环节，批准赊销的职责由信用审批经理负责，信用批准与销售批准是两个不相容的岗位；批准赊销和注销坏账也是两个不相容的岗位（1分）。

③ 错误（1分）。保管存货与处置存货是两个不相容的岗位（1分）。

④ 错误（1分）。收取现款是出纳岗位的工作，出纳员不得兼任债权债务账目的登记工作（2分）。

⑤ 错误（1分）。公司核心业务应避免外包（1分）。